O Livro do Filósofo

Friedrich Nietzsche

O Livro do Filósofo

texto integral

Tradução
Antonio Carlos Braga

Lafonte

2024 • Brasil

Título original: *Das Philosophenbuch*

Direção Editorial *Sandro Aloisio*
Coordenação Editorial *Ciro Mioranza*
Revisão *Luciana Duarte*
Diagramação e capas *Marcos Sousa*
Imagens de Capa *Coleção: Patrice6000 / Shutterstock*
Avulso: Spatuletail / Shutterstock

Dados Internacionais de Catalogação na Publicação (CIP)
(eDOC BRASIL, Belo Horizonte/MG)

Nietzsche, Friedrich Wilhelm, 1844-1900.
N677l O livro do filósofo / Friedrich Nietzsche; tradução Antonio Carlos Braga. – São Paulo, SP: Lafonte, 2024.
128 p. : 15,5 x 23 cm

Título original: Das philosophenbuch
ISBN 978-65-5870-568-0 (Capa coleção)
ISBN 978-65-5870-569-7 (Capa avulso)

1. Filosofia alemã. I. Braga, Antonio Carlos. II. Título.
CDD 193

Elaborado por Maurício Amormino Júnior – CRB6/2422

Editora Lafonte

Av. Profª Ida Kolb, 551, Casa Verde, CEP 02518-000, São Paulo-SP, Brasil
Tel.: (+55) 11 3855-2100, CEP 02518-000, São Paulo-SP, Brasil
Atendimento ao leitor (+55) 11 3855-2216 / 11 – 3855-2213 – *atendimento@editoralafonte.com.br*
Venda de livros avulsos (+55) 11 3855-2216 – *vendas@editoralafonte.com.br*
Venda de livros no atacado (+55) 11 3855-2275 – *atacado@escala.com.br*

ÍNDICE

I
O ÚLTIMO FILÓSOFO
O FILÓSOFO
CONSIDERAÇÕES SOBRE O CONFLITO ENTRE A ARTE E O CONHECIMENTO
(outono-inverno de 1872)

16[1]

A certa altitude tudo é um: todos reunidos os pensamentos do filósofo, as obras do artista e as boas ações.

17

É preciso mostrar como a vida inteira de um povo reflete de forma impura e confusa a imagem que seus maiores gênios apresentam: estes não são o produto da massa, mas a massa mostra sua repercussão.

Ou melhor, qual é a relação?

Há uma ponte invisível de um gênio a outro – aí está a verdadeira "história" objetiva de um povo; qualquer outra é variação inumerável e fantástica numa matéria inferior, cópias de mãos inábeis.

São igualmente as forças éticas de uma nação que se manifestam em seus gênios.

(1) No decorrer deste livro, pode-se observar como algumas partes são simplesmente esboçadas, carecendo de uma elaboração posterior; lacunas e pontos incompletos, bem como cortes, constam do próprio texto de Nietzsche que, certamente, pretendia aprimorar e ampliar suas reflexões (NT).

18

No mundo esplêndido da arte – como puderam filosofar? Quando se atinge um aprimoramento da vida, cessará o filosofar? Não, é então somente que começa o verdadeiro filosofar. O juízo *sobre a existência revela mais a respeito*, pois tem diante dele o acabamento relativo, todos os véus da arte e todas as ilusões.

19

No mundo da arte e da filosofia o homem trabalha para uma "imortalidade do intelecto".

Só a vontade é imortal; comparada com ela, como parece miserável essa imortalidade do intelecto realizada graças à cultura que pressupõe cérebros humanos: – por aí se vê a que categoria isso chega para a natureza.

Mas como pode o gênio ser ao mesmo tempo a finalidade suprema da natureza? A *sobrevida pela história* e a sobrevida pela *procriação*.

Aqui a procriação platônica no belo – logo, para o nascimento do gênio é necessária a ultrapassagem da história, ela deve mergulhar e eternizar-se na beleza.

Contra *a histografia icônica*! Ela tem em si um elemento barbarizador.

Ela só deve falar do que é grande e único, do modelo.

É assim que se compreende a tarefa da nova geração filosófica.

Os grandes gregos do tempo da tragédia nada têm do historiador em si.

20

O instinto do conhecimento sem discernimento é semelhante ao instinto sexual cego – sinal de *baixeza*!

21

O filósofo só está absolutamente afastado do povo como uma exceção: a vontade também quer alguma coisa dele. A intenção é a mesma que na arte – sua própria transfiguração e sua própria redenção. A vontade *tende à pureza e ao enobrecimento*: de um degrau a outro.

22

Os instintos que distinguem os gregos dos outros povos se exprimem em sua filosofia. Mas são precisamente seus instintos *clássicos*.

Importante sua maneira de se ocupar da história.

A degenerescência progressiva do conceito de historiador na antiguidade – sua dissolução na curiosidade onisciente.

23

Dever: conhecer a *teleologia* do gênio filosófico. Será realmente apenas um viajante aparecendo fortuitamente? Em todo caso, quando é autêntico nada tem a ver com a situação política fortuita de um povo, pelo contrário, com relação a esse povo é *intemporal*. Mas por esse fato não está ligado fortuitamente a esse povo – o que é específico do povo se manifesta aqui enquanto indivíduo e, com efeito, o instinto popular é explicado como *instinto universal* e serve para a solução dos enigmas universais. A natureza consegue, pela *separação*, considerar seus instintos no estado puro. O filósofo é um meio para chegar ao repouso na corrente incessante, para tomar consciência, a despeito da infinita pluralidade, de ser o tipo permanente.

24

O filósofo é uma maneira de se manifestar que o ateliê da natureza tem – o filósofo e o artista falam dos segredos de profissão da natureza.

Acima do tumulto da história contemporânea, a esfera do filósofo e do artista prospera ao abrigo da necessidade.

O filósofo como *freio da roda do tempo*.

É nas épocas de grande perigo que os filósofos aparecem – no momento em que a roda gira cada vez mais depressa – eles e a arte tomam o lugar do mito que desaparece. Mas eles se lançam muito à frente, pois a atenção dos contemporâneos só se volta lentamente para eles.

Um povo que se torna consciente dos perigos produz o gênio.

25

Depois de Sócrates[2], não há mais bem geral a salvar; daí decorre a ética individualizante que quer salvar os indivíduos.

O instinto do conhecimento, sem medida e sem discernimento, com um pano de fundo histórico, é um sinal que a vida envelheceu: há um grande perigo de que os indivíduos se tornem vis e é por essa razão que seus interesses se ligam com força a objetos de conhecimento, não importando quais. Os instintos gerais se tornaram tão fracos que não refreiam mais o indivíduo.

Graças às ciências, o germânico transfigurou todas as suas limitações, transferindo-as: fidelidade, modéstia, moderação, aplicação, clareza, amor da ordem são tantas outras virtudes familiares; mas são também a ausência de formas, tudo o que pode haver de inanimado em sua vida, a mesquinhez – seu instinto ilimitado de conhecimento é a consequência de uma vida indigente: sem esse instinto tornar-se-ia mesquinho e mau, e assim frequentemente o é, apesar desse instinto.

(2) Sócrates (470-399 a.C.), filósofo grego, considerado um dos grandes iniciadores do pensamento filosófico do Oriente Próximo e do Ocidente (NT).

Agora nos é dada uma forma superior de vida, um pano de fundo da arte – agora a consequência imediata é também um instinto do conhecimento mais severo, numa palavra, a *filosofia*.

Perigo terrível: que essa agitação política à moda americana e essa inconsistente civilização de eruditos entrem em fusão.

26

A *beleza* emerge de novo como força no instinto do conhecimento tornado difícil.

Supremamente notável que Schopenhauer[3] *escreva bem*. Sua vida tem também mais estilo que a dos universitários – mas as circunstâncias dela estão perturbadas!

Ninguém sabe agora o que é um bom livro, é necessário mostrá-lo: não percebem a composição. A imprensa arruína sempre mais o sentimento.

Poder reter o sublime!

27

Contra a historiografia icônica e contra as ciências da natureza são necessárias forças *artísticas* prodigiosas.

O que deve fazer o filósofo? No meio do formigamento, acentuar o problema da existência, particularmente os problemas eternos.

O filósofo deve *reconhecer o que é necessário* e o artista deve *criá-lo*. O filósofo deve simpatizar o mais profundamente possível com a dor universal: como os antigos filósofos gregos, cada um deles exprime uma angústia: aí, nessa lacuna, ele insere seu sistema. Constrói seu mundo nessa lacuna.

(3) Arthur Schopenhauer (1788-1860), filósofo alemão (NT).

28

Tornar clara a diferença entre o efeito da filosofia e aquele da ciência: e igualmente a diferença de sua gênese.

Não se trata de um aniquilamento da ciência, mas de seu *domínio*. Em todos os seus fins e em todos os seus métodos ela depende, para dizer a verdade, inteiramente de pontos de vista filosóficos, o que ela facilmente esquece. Mas *a filosofia dominante deve também levar em consideração o problema de saber até que ponto a ciência pode se desenvolver: ela deve determinar o valor*!

29

Prova dos efeitos *barbarizantes* das ciências. Elas se perdem facilmente a serviço dos "interesses práticos".

Valor de Schopenhauer, porque traz à memória *ingênuas* verdades *gerais*: ousa enunciar elegantemente pretensas "trivialidades".

Não temos filosofia popular nobre, porque não temos conceito nobre do povo (*publicum*). Nossa filosofia popular é para o *povo*, não para o *público*.

30

Se uma civilização nossa jamais terá êxito, serão necessárias forças de arte inauditas para romper o instinto ilimitado de conhecimento, para recriar uma unidade. *A dignidade suprema do filósofo se vê onde ele concentra o instinto ilimitado de conhecimento e o obriga a se unificar*.

31

É assim que devem ser compreendidos os mais antigos filósofos gregos, eles dominam o instinto de conhecimento. Como é que a partir de *Sócrates* caiu aos poucos de suas mãos? Em primeiro lugar, podemos ver até mesmo em *Sócrates e em sua escola* a mesma tendência: devemos restringi-lo ao fato de que cada indivíduo levou em consideração sua *felicidade*. É uma fase última pouco elevada. Outrora não se tratava dos *indivíduos*, mas dos *gregos*.

32

Os grandes filósofos da antiguidade pertencem à *vida geral do helenismo*: *depois de Sócrates*, formam-se seitas. Pouco a pouco a filosofia deixa cair de suas mãos as rédeas das ciências.

Na Idade Média, a teologia toma em mãos as rédeas da ciência: perigosa época de emancipação.

O bem geral quer novamente um *domínio* e com isso, ao mesmo tempo, uma elevação e uma concentração.

O *deixar-correr* de *nossa ciência*, como em certos *dogmas da economia política*: acredita-se num sucesso absolutamente salutar.

Kant[4] teve, em certo sentido, uma deplorável influência: porque a crença na metafísica foi perdida. Ninguém poderá contar com sua "*coisa em si*" como se ela fosse um princípio regulador.

Agora compreendemos a maravilhosa aparição de *Schopenhauer*: ele reúne todos os elementos que servem ainda para o domínio da ciência. Ele retorna aos problemas originais mais profundos da ética e da arte, ele levanta a questão do valor da existência.

Maravilhosa unidade de Wagner[5] e Schopenhauer! Eles são oriundos do mesmo instinto. As qualidades mais profundas do espírito germânico se preparam aqui para o combate: como entre os gregos.

Volta da *circunspecção*.

---

(4) Immanuel Kant (1724-1804), filósofo alemão; dentre suas obras, *A religião nos limites da simples razão* e *Crítica da razão prática* já foram publicadas nesta coleção da Editora Lafonte (NT).

(5) Richard Wagner (1813-1883), compositor alemão; uma profunda amizade unia Nietzsche a este músico, mas por variadas razões os dois acabaram rompendo relações (NT).

33

Minha tarefa: *captar a conexão interna e a necessidade de toda verdadeira civilização*. O remédio preventivo e curativo de uma civilização, a relação desta com o gênio do povo. A consequência desse grande mundo da arte é uma civilização: mas muitas vezes, pelo fato da existência de contracorrentes hostis, não se chega à harmonia de uma obra de arte.

34

A filosofia deve manter firme *a corrente espiritual* através dos séculos: e com isso a eterna fertilidade de tudo o que é grande.

Para a ciência, não há grande nem pequeno – mas sim para a filosofia! Com esse princípio mede-se o valor da ciência.

A manutenção do sublime!

Em nossa época, que extraordinária falta de livros que respirem uma força heroica! Já nem mesmo se lê Plutarco![6]

35

Kant (no segundo prefácio da obra *Crítica da razão pura*) diz: "*Tinha que suprimir o saber para dar lugar à crença*; o dogmatismo da metafísica, isto é, o preconceito de avançar na metafísica sem a crítica da razão pura, tal é a verdadeira fonte de toda descrença que resiste à moralidade e que é sempre muito dogmática". Muito importante! Impeliu-o uma necessidade de civilização!

Singular antítese "*saber e crença*". Que é que os gregos teriam pensado disso! *Kant não conhecia outra antítese*! *Mas nós*!

Uma necessidade de civilização impele Kant: ele quer preservar um domínio *do saber*, domínio em que se encontram as raízes de tudo o que há de mais elevado e de mais profundo, a arte e a ética – Schopenhauer.

---

(6) Plutarco (50-125), escritor grego, celebrizou-se especialmente por sua obra *Vidas paralelas*, na qual reúne as biografias de 23 gregos e 23 romanos, comparando suas conquistas, suas virtudes e seus vícios (NT).

Por outro lado, ele reúne *tudo o que é digno de ser sabido para sempre* – a sabedoria popular e humana (ponto de vista dos Sete Sábios, filósofos populares da Grécia). Analisa os elementos dessa crença e mostra como a fé cristã, precisamente, satisfaz pouco a necessidade mais profunda: a questão do valor da existência!

36

O combate entre o saber e o saber!

O próprio Schopenhauer chama atenção para o pensamento e o saber inconscientes.

O domínio do instinto do conhecimento – se é favorável a uma religião ou a uma civilização artística, isso é que deve ser mostrado agora; eu me posiciono no segundo lado.

E acrescento a isso a questão do *valor* do conhecimento histórico *icônico* e daquele da *natureza*.

Entre os gregos, trata-se do domínio em proveito de uma civilização artística (e de uma religião?), o domínio que quer prevenir um total desencadeamento: queremos reter de novo o totalmente desencadeado.

37

O filósofo do conhecimento trágico. Ele domina o instinto desenfreado do saber, mas não por uma nova metafísica. Não estabelece nenhuma nova crença. Sente tragicamente que o terreno da metafísica lhe é retirado e não pode, no entanto, se satisfazer com o turbilhão emaranhado das ciências. Trabalha na edificação de uma *vida* nova: restitui os direitos à arte.

O filósofo do *conhecimento desesperado* é levado a uma ciência cega: o saber a qualquer custo.

Para o filósofo trágico realiza-se *a imagem da metafísica* segundo a qual tudo o que compete à metafísica aparece como sendo apenas antropomórfico. Não é um cético.

Aqui é necessário criar um conceito: pois o ceticismo não é o objetivo. O instinto do conhecimento, chegado a seus limites, volta-se contra si mesmo para chegar à *crítica do saber*. O conhecimento a serviço da melhor forma de vida. Deve-se *querer* mesmo a *ilusão* – é nisso que está o trágico.

38

O último filósofo – são talvez gerações inteiras. Ele deve apenas ajudar a *viver*. "O último", isso é naturalmente relativo. Para nosso mundo. Ele mostra a necessidade da ilusão, da arte e da arte dominando a vida. Não nos é possível produzir de novo uma linhagem de filósofos como fez a Grécia na época da tragédia. É somente a *arte* que cumpre doravante sua tarefa. Semelhante sistema não é mais possível senão como *arte*. Do ponto de vista atual, um período inteiro da filosofia grega cai também no domínio da arte.

39

O domínio da ciência já não se produz mais senão pela *arte*. Trata-se de *juízos de valor* sobre o saber e o saber-muito. Tarefa imensa e dignidade da arte nessa tarefa! Ela deve recriar tudo e *recolocar totalmente sozinha a vida no mundo*. Do que é capaz, são os gregos que o mostram: se não os tivéssemos tido, nossa fé seria quimérica.

Se uma religião pode se construir aqui, no vazio, depende de sua força. Nós nos voltamos para a civilização: o "germânico" como força redentora!

Em todo caso, a religião que fosse capaz disso teria que comportar uma *força de amor* prodigiosa: força capaz de destruir o saber como é destruído na linguagem da arte.

Mas talvez a arte tivesse mesmo em seu poder a força de criar uma religião, de engendrar o mito? Exatamente como os gregos.

40

As filosofias e as teologias que já estão aniquiladas continuam a agir ainda e sempre nas ciências: mesmo que as raízes estejam mortas, resta ainda nos ramos um certo tempo de vida. O *histórico* se desenvolveu particularmente contra o mito teológico, mas também contra a filosofia: o *conhecimento absoluto* celebra suas saturnálias(7) aqui e nas ciências físicas matemáticas; o mínimo que aí possa ser realmente feito vale mais do que todas as ideias metafísicas. O grau de *certeza* determina aqui o valor, não o grau de *necessidade absoluta* para os homens. É o velho conflito entre a *crença* e o *saber*.

41

Essas são preocupações bárbaras.

Agora a filosofia só pode acentuar a *relatividade* de todo conhecimento e seu *antropomorfismo*, assim como a força da *ilusão*, dominante em toda parte. Feito isso, não pode mais reter o instinto desenfreado do conhecimento que consiste, sempre mais, em *julgar* segundo o grau de certeza e em procurar objetos cada vez mais pequenos. Enquanto todos os homens estão satisfeitos quando o dia termina, o historiador procura, aprofunda e em seguida combina, tendo em vista arrancar esse dia do esquecimento: mesmo *o que é pequeno* deve ser eterno, *a partir do momento em que é conhecível*.

Para nós só tem valor a escala estética: *o que é grande* tem direito à história, não à história icônica, mas à *pintura histórica criadora, estimulante*. Deixamos os *túmulos em paz*: mas nos apoderamos do eternamente vivo.

Tema preferido da época: *os grandes efeitos das coisas muito pequenas*. As explorações históricas têm, por exemplo, em seu conjunto algo de grandioso: são como a vegetação pobre que pouco a pouco corrói os Alpes. Vemos um grande instinto que tem pequenos instrumentos, mas *prodigiosamente numerosos*.

(7) Saturnálias ou saturnais eram festas que os romanos celebravam, no final de dezembro, em honra de Saturno, deus do tempo e da agricultura; durante os festejos havia troca de presentes e concessão de liberdade a escravos (NT).

42

A isso se poderia opor: *os pequenos efeitos das grandes coisas*! Quando estas, em particular, são representadas por indivíduos. É difícil captar, muitas vezes a tradição morre, pelo contrário o ódio é geral, seu valor repousa na qualidade que tem sempre poucos avaliadores.

As grandes coisas só agem sobre as grandes coisas: assim o posto iluminado por archotes de *Agamenon*[8] só salta de altura em altura.

É o dever de uma *civilização* impedir que o que é grande num povo apareça sob a forma de um eremita ou sob aquela de um banido.

É por isso que queremos falar daquilo que sentimos: não é nosso negócio esperar que o pálido reflexo do que me aparece claramente penetre até nos vales. Enfim, os grandes efeitos das coisas muito pequenas são precisamente os efeitos secundários das *grandes*; puseram a avalanche em movimento. Agora teremos dificuldade em detê-la.

43

A história e as ciências da natureza foram necessárias contra a Idade Média: o saber contra a crença. Contra o saber dirigimos agora *a arte*: retorno à vida! Domínio do instinto do conhecimento! Reforço dos instintos morais e estéticos!

Isso nos aparece como *a salvação do espírito alemão para que seja, por sua vez, salvador*!

A essência desse espírito passou para nós na música. Agora compreendemos como os gregos faziam depender da música sua civilização.

44

A criação de uma religião poderia consistir em que um homem *suscitasse a fé* para uma construção mítica por ele colocada no

(8) Agamenon, lendário rei grego, comandou a expedição grega contra Troia; na volta da longa guerra, foi morto pela esposa e seu amante (NT).

vazio e que correspondesse a uma extraordinária necessidade. É *inverossímil* que isso se reproduza alguma vez, desde a *Crítica da razão pura*[9]. Pelo contrário, posso imaginar uma forma totalmente nova de *artista-filósofo* capaz de colocar no âmago dessa brecha uma *obra-prima* de valor estético.

De que *maneira livremente poética* os gregos faziam uso dela com seus deuses!

Estamos demasiadamente habituados ao contraste entre a verdade e a não verdade histórica. É cômico pensar que os mitos cristãos devem ser inteiramente *históricos*!

45

A bondade e a compaixão são felizmente independentes da decadência e do êxito de uma religião: pelo contrário, as *boas ações* são perfeitamente determinadas por imperativos religiosos. A maior parte das boas ações conformes ao dever não tem nenhum valor ético, mas é *obtida por coação*.

A moralidade *prática* sofrerá bastante com a queda de uma religião. Parece que a metafísica da recompensa e da punição seja indispensável.

Se se pudesse criar os *costumes*, poderosos *costumes*! Com eles se teria também a moralidade.

Os costumes, mas formados pela *marcha em frente de poderosas personalidades individuais*.

Não conto com uma *bondade* que despertasse na multidão dos possuidores; mas se poderia muito bem induzi-los a *costumes*, a um dever contra a tradição.

Se a humanidade somente empregasse para a educação e para a escola o que emprega até agora para a construção de igrejas, se ela voltasse para a educação a inteligência que empenha para a teologia!

---

(9) Ver nota 4, na pág.15.

46

O problema de uma *civilização* raramente foi compreendido de modo correto. Sua finalidade não é nem a maior *felicidade* possível de um povo, nem o livre desenvolvimento de todos os seus dons: mas se mostra na justa medida desse desenvolvimento. Sua finalidade tende a ultrapassar a felicidade terrestre: a produção de grandes obras é seu objetivo.

Em todos os instintos próprios dos gregos aparece uma *unidade dominante*: podemos denominá-la a *vontade* helênica. Cada um desses instintos procura existir isoladamente até o infinito. Os antigos filósofos tentam construir o mundo a partir desses instintos.

A *civilização* de um povo se manifesta na *unificação dominante* dos *instintos desse povo*: a filosofia domina o instinto do conhecimento, a arte domina o instinto das formas e o êxtase, o *Ágape* domina o *Eros*(10) etc.

O conhecimento *isola*: os filósofos antigos representam isoladamente o que a arte grega faz aparecer em conjunto.

O conteúdo da arte e aquele da filosofia antiga coincidem, mas vemos os elementos *isolados* da arte utilizados enquanto filosofia para *dominar o instinto do conhecimento*. Isso também deve ocorrer com os italianos: o individualismo na vida e na arte.

47

Os gregos como descobridores, viajantes e colonizadores. Eles se encontram no estudo: força de assimilação prodigiosa. Nosso tempo não se deve julgar num nível de tal modo superior no que diz respeito ao instinto do saber: só entre os gregos tudo se tornava vida! Entre nós isso permanece no estado de conhecimento!

Quando se trata do *valor* do conhecimento e que, por outro lado, uma bela ilusão, se só nela se acredita, tem inteiramente

(10) Ágape (do grego αγαπε, *agápe*) significa afeição, confraternização e, entre os primitivos cristãos, designava as refeições em comum. Eros, na mitologia grega, era o deus do amor, da paixão amorosa (NT).

o mesmo valor que um conhecimento, então se vê que a vida tem necessidade de ilusões, isto é, de não verdades tidas como verdades. Tem necessidade da crença na verdade, mas então a ilusão é suficiente, as "verdades" se demonstram por meio de seus efeitos, não por meio de provas lógicas, pela prova da força. O verdadeiro e o eficiente são identicamente válidos, aqui também a gente se inclina diante da violência. – Como é que então uma demonstração lógica pode, no final das contas, ter tido lugar? No combate da *"verdade" contra "verdade"* procuram a aliança da reflexão. *Tudo o que representa um esforço real de verdade veio ao mundo por meio do combate por uma convicção sagrada*: por meio do *pathos* do combater: de outra forma o homem não tem nenhum interesse pela origem lógica.

48

Que relação tem o gênio filosófico com a arte? Da relação direta, pouco tem a aprender. Devemos perguntar: O que é, em sua filosofia, a arte? A obra de arte? O que *resta* quando seu sistema como ciência é aniquilado? Ora, deve ser precisamente esse resíduo que *domina* o instinto do saber, logo o que aí se encontra de artístico. Por que é necessário semelhante freio? Porque, considerado de um ponto de vista científico, é uma ilusão, uma não verdade, que engana o instinto do conhecimento e só satisfaz provisoriamente. O valor da filosofia nessa satisfação não diz respeito à esfera do conhecimento, mas à *esfera da vida*; a *vontade de existência utiliza a filosofia* com a finalidade de uma forma superior de existência. Não é possível que a arte e a filosofia possam se dirigir *contra* a vontade: a própria moral está a seu serviço. Uma das formas mais delicadas da existência, o Nirvana[(11)] relativo.

---

(11) Paraíso do budismo, o Nirvana (do termo sânscrito idêntico que significa extinção) constitui a última etapa da contemplação, na qual a dor inexiste e a verdade é totalmente possuída, como decorrência da integração do indivíduo no ser universal, num amplexo definitivo com a divindade suprema. Em outras palavras, é a libertação final e total da incompletez da vida terrena (NT).

49

São a beleza e a grandeza de uma construção do mundo (aliás, a filosofia) que decidem agora sobre seu valor – dito de outra forma, ela é julgada como uma obra de *arte*. Provavelmente sua forma sofrerá transformações! A rigorosa formulação matemática (como em Spinoza[(12)]), que causava em Goethe[(13)] uma impressão tão apaziguadora, justamente não tem mais direito de *cidadania* senão como meio de expressão estética.

50

É necessário estabelecer a proposição: só vivemos graças às ilusões – nossa consciência toca a superfície. Muitas coisas escapam ao nosso olhar. Tampouco se deve temer que o homem se conheça inteiramente, que penetre a todo o instante em todas as leis das forças da alavanca, da mecânica, todas as fórmulas da arquitetura, da química, que são úteis à vida. É bem possível que o *esquema* inteiro se torne conhecido. Isso não altera quase nada a nossa vida. Para ela, nisso tudo só há fórmulas designando forças absolutamente inconhecíveis.

51

Vivemos seguramente, graças ao caráter superficial de nosso intelecto, numa ilusão perpétua: necessitamos, portanto, para viver da arte a cada instante. Nossa visão nos prende às *formas*. Mas se somos nós próprios aqueles que educamos essa visão, vemos também reinar em nós mesmos uma *força artista*. Vemos até mesmo na natureza mecanismos contrários ao *saber* absoluto: o filósofo *reconhece a linguagem da natureza* e diz: "Temos necessidade da arte" e "só precisamos de uma parte do saber".

---

(12) Baruch de Spinoza (1632-1677), filósofo holandês de ascendência portuguesa; dentre suas obras, *Tratado sobre a reforma do entendimento* já foi publicada, em edição bilíngue, nesta coleção da Editora Escala (NT).

(13) Johann Wolfgang von Goethe (1749-1832), literato, político e erudito alemão (NT).

52

Toda forma de *civilização* começa pelo fato de que uma quantidade de coisas é *velada*. O progresso do homem depende desse véu – a vida numa pura e nobre esfera e a exclusão das excitações vulgares. O combate contra a "sensibilidade" por meio da virtude é essencialmente de natureza estética. Quando tomamos por guias as *grandes* individualidades, velamos nelas muitas cosias, escondemos todas as circunstâncias e todos os acasos que tornam possível seu conhecimento, nós os *isolamos* de nós para venerá-los. Toda religião comporta um elemento semelhante: os homens sob a divina proteção, é o que há de infinitamente importante. Com efeito, toda ética começa por levar em consideração um indivíduo particular como sendo *infinitamente importante* – de forma totalmente diferente daquela da natureza que procede cruelmente e como se jogasse. Se somos melhores e mais nobres, nós o devemos às ilusões isolantes!

A ciência da natureza opõe agora a isso a verdade natural absoluta: a fisiologia superior compreenderá seguramente já em nosso devir as forças artistas, não somente no devir do homem, mas também naquele do animal: ela dirá que o *artístico* começa também com o *orgânico*.

Será talvez ainda necessário chamar processos artistas às transformações químicas da natureza inorgânica, papéis mímicos que uma força representa: mas existem vários papéis que ela pode representar!

53

Grande embaraço em saber se a filosofia é uma arte ou uma ciência. É uma arte em seus fins e em sua produção. Mas o meio, a representação em conceitos, ela o tem em comum com a ciência. É uma forma de poesia. Não se deve classificá-la: é por isso que temos de encontrar e caracterizar uma categoria.

A fisiografia do filósofo. Ele conhece inventando e inventa conhecendo.

Não cresce, quero dizer que a filosofia não segue o mesmo curso que as outras ciências: mesmo que certos domínios do filósofo passem pouco a pouco para as mãos da ciência. Heráclito[14] nunca envelhecerá. É a poesia fora dos limites da experiência, prolongamento do *instinto mítico*; essencialmente também em imagens. A exposição matemática não pertence à essência da filosofia.

Ultrapassagem do saber por meio das forças *criadoras do mito*. Kant é notável – saber e crença! Íntimo parentesco entre os *filósofos* e os *fundadores de religião*.

Singular problema: a decomposição dos sistemas filosóficos! É inaudito para a ciência e para a arte! Com as religiões ocorre de *forma análoga*: é notável e característico.

54

Nosso entendimento é uma força de superfície, é *superficial*. É o que se chama também "subjetivo". Conhece por meio de conceitos: nosso pensar é um classificar, um nomear, portanto, algo que diz respeito ao arbitrário humano e não atinge a própria coisa. É somente *calculando* e somente nas formas do espaço que o homem tem um conhecimento absoluto; os limites últimos de todo conhecível são *quantidades*, não comporta nenhuma qualidade, mas somente uma quantidade.

Qual poderá ser o fim de semelhante força superficial?

Ao conceito corresponde primeiramente a imagem, as imagens são pensamentos originais, isto é, as superfícies das coisas concentradas no espelho do olho.

A imagem é um, o outro é a *operação aritmética*.

Imagens no olho humano! Isso domina todo ser humano: do ponto de vista do *olho*! Sujeito! O *ouvido* ouve o som! Uma concepção totalmente diferente, maravilhosa, do mesmo mundo.

---

(14) Heráclito de Éfeso (550-480 a.C.), filósofo grego; defendia a tese de que o universo é uma eterna transformação, na qual os contrários se equilibram e, em sua harmonia, esses opostos regem os planos cósmico e humano (NT).

A arte repousa na *imprecisão da vista*.

Com o ouvido a mesma imprecisão no ritmo, no temperamento etc. E aí repousa de novo a *arte*.

55

É uma força em nós que nos leva a perceber com mais intensidade os *grandes traços* da imagem do espelho e é de novo uma força que acentua o mesmo ritmo para além da imprecisão real. Deve ser uma *força de arte*; pois ela *cria*. Seu principal meio é *omitir, não ver e não ouvir*. É, portanto, anticientífica: de fato, não confere igual interesse a tudo o que percebe.

A palavra contém somente uma imagem, daí o conceito. O pensamento conta, portanto, com grandezas artísticas.

Toda denominação é uma tentativa para chegar à imagem.

Nossa relação com todo *ser* verdadeiro é superficial, falamos a linguagem do símbolo, da imagem: em seguida acrescentamos a isso algo com uma força artista, reforçando os traços principais e esquecendo os traços secundários.

56

Apologia da arte. – Nossa vida pública, política e social desemboca num equilíbrio de egoísmos: solução do problema: como chegar a uma existência tolerável sem a mínima força de amor, unicamente pela prudência dos egoísmos interessados?

Nossa época tem ódio da arte como da religião. Não quer capitular nem pela promessa do além, nem pela promessa de uma transfiguração artística do mundo. Ela vê nisso "poesia" supérflua, uma brincadeira etc. Nossos poetas *estão à proporção*. Mas a arte como algo sério e temível! A nova metafísica como algo sério e temível! Queremos transpor para vocês o mundo em imagens tais que diante delas estremecerão. Está em nosso poder! Se vocês taparem as orelhas, seus olhos verão nosso mito. Nossas maldições vão atingi-los!

É necessário que a ciência mostre por fim sua utilidade! Ela se tornou nutricionista a serviço do egoísmo: o Estado e a sociedade a tomaram a seu serviço para explorá-la segundo seus fins.

O estado normal é a *guerra*: só concluímos a paz para épocas determinadas.

57

Tenho necessidade de saber como os gregos filosofaram no tempo de sua arte. As escolas *socráticas* eram mantidas no meio de um oceano de beleza – que se pode ver neles? Uma prodigiosa despesa em favor da arte. Os socráticos tinham a esse respeito um comportamento hostil ou teórico.

Pelo contrário, reina em parte, nos filósofos arcaicos, um instinto análogo àquele que criou a tragédia.

58

O conceito de filósofo e seus tipos. – Que há de comum a todos?

Ora ele é o produto de sua civilização, ora lhe é hostil.

É contemplativo como os artistas plásticos, compassivo como o religioso, lógico como o homem de ciência: procura fazer vibrar nele todos os ritmos do universo e exprimir fora dele essa sinfonia em conceitos. A dilatação até o macrocosmos e, com isso, a observação refletida – precisamente como o ator ou o poeta dramático que se metamorfoseia e, no entanto, fica consciente de se projetar para o exterior. O pensamento dialético escorrendo de cima como uma ducha.

Singular Platão: é entusiasta da dialética, isto é, desta reflexão.

59

Os filósofos. Fisiografia do filósofo. O filósofo ao lado do cientista e do artista.

Domínio do instinto do conhecimento por meio da arte e do instinto religioso de unidade por meio do conceito.

Singular, a justaposição da concepção e da abstração.

Consequência para a civilização.

A metafísica como vazio.

O filósofo do futuro? Deve tornar-se a Corte suprema de uma civilização artista, uma espécie de segurança geral contra todas as transgressões.

60

É necessário desvendar o pensamento filosófico no seio de todo pensamento científico: mesmo na conjetura. Ele avança saltando sobre leves suportes: pesadamente arqueja atrás dele o entendimento, procurando suportes melhores depois que a sedutora imagem lhe apareceu. Um sobrevoo infinitamente rápido dos grandes espaços! É somente uma velocidade maior? Não. É o golpe de asas da imaginação, isto é, o salto de uma possibilidade a outra, todas são provisoriamente tomadas por certezas. Aqui e acolá, de uma possibilidade a uma certeza e de novo a uma possibilidade.

Mas o que é semelhante "possibilidade? Uma ideia súbita, por exemplo, "talvez fosse". Mas como *surge* essa ideia? Às vezes fortuitamente, exteriormente: uma comparação, a descoberta de alguma analogia tem lugar. Intervém então uma *extensão*. A imaginação consiste em *ver rapidamente as semelhanças*. A reflexão avalia em seguida conceito a conceito e verifica. A *semelhança* deve ser substituída pela *causalidade*.

O pensamento "científico" e o pensamento "filosófico" não diferem então senão pela *dose*? Ou então talvez pelos *domínios*?

61

Não há filosofia à parte, distinta da ciência: tanto numa como na outra pensa-se da mesma forma. O fato de uma filosofia *indemonstrável* ter ainda valor e, mais ainda, na maioria das vezes, uma proposição científica provir do valor *estético* de semelhante filosofar, isto é, de sua beleza e de sua sublimidade. O filosofar está ainda presente como *obra de arte*, mesmo se não puder ser demonstrado como construção filosófica. Mas não ocorre a mesma coisa em matéria científica? – Em outros termos: o que decide não é o puro *instinto do conhecimento*, mas o instinto *estético*: a filosofia pouco demonstrada de Heráclito possui um valor de arte superior a todas as proposições de Aristóteles(15).

O instinto do conhecimento é, portanto, dominado pela imaginação na civilização de um povo. Ali o filósofo está repleto do *pathos* mais elevado da *verdade*: o valor de seu conhecimento lhe garante a *verdade*. Toda fecundidade e toda força motriz estão contidas nesses olhares *voltados para o futuro*.

62

Pode-se observar no olho como tem lugar a produção imaginária. A semelhança conduz ao desenvolvimento mais ousado: mas também como ocorre com outras relações, o contraste chama o contraste e assim incessantemente. Aqui se *vê* a produção extraordinária do intelecto. É uma vida em imagens.

63

Ao pensar já se deve ter aquilo que se procura, graças à imaginação – a reflexão só pode julgar depois. Ela o faz medindo com correntes que se desdobram e são frequentemente verificadas.

O que há de propriamente "lógico" no pensamento por imagens?

O homem sensato não tem praticamente necessidade de imaginação e quase não a tem.

É em todo caso algo de *artista* essa produção de formas com as

(15) Aristóteles (384-322), filósofo grego; dentre suas obras, *A política* já foi publicada nesta coleção da Editora Escala (NT).

quais alguma coisa entra então na memória: *ela distingue tal forma* e, desse modo, a reforça. Pensar, é um discernir.

Há muito mais sequências de imagens no cérebro do que aquelas que utilizamos para pensar: o intelecto escolhe rapidamente as imagens parecidas, a imagem escolhida produz de novo uma profusão de imagens: mas depressa o intelecto escolhe de novo uma imagem entre estas e assim sucessivamente.

O pensamento consciente não passa de uma escolha entre representações. Há um longo caminho a percorrer até a abstração.

1) A força que produz a profusão de imagens; 2) a força que escolhe o semelhante e o acentua.

Aqueles que estão febris operam da mesma forma sobre as paredes e as tapeçarias, somente aqueles que gozam de boa saúde projetam sobretudo a tapeçaria.

64

Existe uma dupla força artista: aquela que produz as imagens e aquela que as escolhe.

O mundo do sonho prova que é justo: aí o homem não continua até à abstração ou não é conduzido nem modificado pelas imagens que afluem através do olho.

Se essa força for considerada mais de perto, tampouco aqui há uma força artística totalmente livre: seria algo de arbitrário, portanto, impossível. Mas as mais tênues radiações da atividade nervosa, vistas sobre uma superfície, se relacionam, como as figuras acústicas de Chladni[16], com o próprio som: assim, essas imagens se relacionam com a atividade nervosa operando por baixo. Balanço e estremecimento dos mais delicados! O processo artista é fisiológica e absolutamente determinado e necessário. Todo pensamento nos aparece na superfície como arbitrário, como a nosso agrado: não notamos a atividade infinita.

---

(16) Ernst Florens Friedrich Chladni (1756-1824), físico alemão, autoridade em acústica; estudou as vibrações e seus graus de frequência, bem como suas influências sobre os corpos sólidos (NT).

Pensar *uma prioridade artística desprovida de cérebro* procede de uma forte antropopatia: mas o mesmo ocorre com a vontade, a moral etc.

O desejo não passa de uma superfunção fisiológica que se gostaria de descarregar e exerce uma pressão até o cérebro.

65

Resultado: é apenas uma questão de *graus* e de *quantidades*: todos os homens são artistas, filósofos, cientistas etc.

Nossa avaliação se refere a quantidades, não a qualidades. Respeitamos o que é *grande*, isto é, também o *anormal*.

Com efeito, o respeito pelos grandes efeitos das pequenas causas não passa de um deslumbramento diante do resultado e da desproporção de todas as pequenas causas. É somente adicionando numerosos efeitos e olhando-os como uma *unidade* que temos a impressão da grandeza, dito de outra forma, *produzimos* a grandeza graças a essa unidade.

Mas a humanidade só cresce por meio do respeito pelo *raro*, pelo *grande*. Mesmo aquilo em que se acreditou erradamente ser raro e grande, por exemplo, o *milagre*, exerce esse efeito. O pavor é a melhor parte da humanidade.

O sonho considerado como aquilo que permite continuar a escolha das imagens visuais.

No domínio do intelecto, tudo o que é qualitativo é somente *quantitativo*. Somos conduzidos às qualidades pelo conceito, a palavra.

66

Talvez o homem não consiga *esquecer* nada. A operação do ver e do conhecer é complicada demais para que seja possível apagá-la de novo inteiramente; dito de outro modo, todas as formas que foram produzidas uma vez pelo cérebro e pelo sistema nervoso se repetem doravante com muita frequência. A mesma atividade nervosa reproduz a mesma imagem.

67

O material próprio a todo conhecimento consiste nas mais delicadas impressões de prazer e de desprazer: sobre a superfície em que a atividade nervosa traça formas no prazer e na dor se encontra o verdadeiro segredo: o que é impressão projeta ao mesmo tempo *formas* que geram então novas impressões.

É a essência da impressão de prazer e de desprazer exprimir-se em movimentos adequados; pelo fato de esses movimentos adequados levarem de novo outros nervos à impressão é que se produz a impressão da *imagem*.

No pensamento por imagens o darwinismo também tem razão: a imagem mais forte destrói as imagens de pouca importância.

Que o pensamento avance com prazer ou desprazer é absolutamente essencial: aquele a quem isso cria um verdadeiro inconveniente é precisamente menos disposto a isso e, portanto, irá menos longe: ele se *constrange* e nesse domínio isso não é nada útil.

68

Às vezes o resultado adquirido por saltos se prova imediatamente como verdadeiro e fecundo do ponto de vista de suas consequências.

Um cientista genial é conduzido por um *pressentimento* justo? Sim, ele vê precisamente *possibilidades* sem apoios suficientes: mas sua genialidade se mostra no fato de considerar semelhante coisa como possível. Ele calcula rapidamente o que quase pode demonstrar.

O mau uso do conhecimento – na eterna repetição das experiências e da junção de materiais, quando a conclusão se impõe imediatamente a partir de poucos indícios. Ocorre o mesmo em filologia: a integralidade do material é, em numerosos casos, algo inútil.

69

O que é moral não tem tampouco outra fonte senão o intelecto, mas a cadeia de imagens em ligação opera aqui de outra forma do que no caso do artista e do pensador: ela incita ao *ato*. O sentimento do semelhante, a identificação, é certamente uma pressuposição necessária. Em seguida, a lembrança de um sofrimento particular. Ser bom seria, portanto: identificar muito *facilmente* e muito *rapidamente*. É, pois, uma metamorfose, tal como com o ator.

Toda honestidade e todo direito procedem pelo contrário de um *equilíbrio de egoísmos*: reconhecimento recíproco de não se comportar erradamente. Logo, procede da prudência. Sob a forma de firmes princípios isso toma outro ar: a *firmeza* de caráter. Contrastes do amor e do direito: ponto culminante, sacrifício para o mundo.

A antecipação das possíveis sensações de desprazer determina a ação do homem honesto: ele conhece empiricamente as consequências da ofensa feita ao próximo, mas também aquelas da ofensa feita contra si próprio. Em contrapartida, a ética cristã é a antítese: ela se baseia na identificação de si mesmo com o próximo; fazer o bem aos outros é aqui fazer o bem a si próprio, compartilhar a dor dos outros é compartilhar sua própria dor. O amor está ligado a um desejo de unidade.

70

O homem exige a verdade e a realiza no comércio moral com os homens; é nisso que repousa toda vida em comum. Antecipam-se as séries malignas das mentiras recíprocas. É disso que nasce *o dever de verdade*. Permite-se a *mentira* ao narrador épico, porque aqui nenhum efeito pernicioso há a temer. – Logo, quando a mentira tem um valor agradável, é permitida: a beleza e o agrado na mentira, supondo que não prejudique. É assim que o padre imagina os mitos de seus deuses: a mentira justifica sua grandeza.

É extraordinariamente difícil conseguir tornar novamente vivo o sentimento mítico da mentira livre. Os grandes filósofos gregos vivem ainda inteiramente dentro dessa justificação da mentira.

Onde nada se pode saber de verdade, a mentira é permitida.

Todo homem deixa-se enganar continuamente à noite no sonho.

A *tendência para a verdade* é uma aquisição infinitamente mais lenta da humanidade. Nosso sentimento histórico é algo de completamente novo no mundo. É possível que oprima totalmente a arte.

A enunciação da *verdade a qualquer custo* é *socrática.*

71

A verdade e a mentira são de ordem fisiológica.

A verdade como lei moral – duas fontes da moral.

A essência da verdade julgada segundo os *efeitos.*

Os efeitos conduzem à admissão de "verdades não demonstradas".

No combate dessas verdades, vivas graças à força, mostra-se a necessidade de encontrar outra via. Seja esclarecendo tudo a partir daí, seja elevando-se a ela a partir dos exemplos, dos fenômenos.

Maravilhosa invenção da lógica.

Predominância progressiva das forças lógicas e restrição daquilo que é *possível* saber.

Reação perpétua das forças artistas e limitação ao que é *digno* de ser sabido (julgado segundo o *efeito*).

72

Conflito do filósofo. Seu instinto universal o constrange a um pensamento medíocre, o imenso *pathos* da verdade, produzido pela amplidão de seu ponto de vista, o constrange à *comunicação* e esta, por sua vez, à lógica.

Por um lado produz-se uma *metafísica otimista da lógica,* intoxicando e falsificando progressivamente tudo. A lógica como único guia conduz à mentira: pois ela não é o único guia.

O outro sentimento de verdade provém do *amor*, prova da força.

A expressão da verdade *beatífica* por *amor*: está em relação com conhecimentos particulares do indivíduo, que não deve comunicar, mas a que a superabundância de felicidade o obriga.

73

Ser absolutamente verídico – prazer esplêndido e heroico do homem numa *natureza* mentirosa! Mas isso é apenas *possível muito relativamente*! É trágico! É o *problema trágico de Kant*. A arte recebe agora uma *dignidade* totalmente *nova*. As ciências, em contrapartida, foram degradadas de um grau.

Veracidade da arte: agora é a única a ser sincera.

Assim retornamos por um vasto desvio ao comportamento *natural* (o dos gregos). Ficou provado que é impossível construir uma civilização por meio do saber.

74

Até que ponto o poder ético dos estoicos era forte mostra-o o fato de que se empenhavam em manifestar violentamente seu princípio em favor da liberdade e da vontade.

Para a teoria da moral: em política o homem do Estado antecipa com frequência a ação de seu adversário e toma a dianteira: "Se eu não o fizer, é ele que o faz". Uma espécie de *legítima defesa* tomada como princípio político. É o ponto de vista da guerra.

75

Os gregos antigos sem teologia normativa: cada um tem o direito de acrescentar-lhe o que quiser e crer no que quiser.

O prodigioso volume do pensamento filosófico nos gregos (com o prolongamento enquanto teologia através dos séculos).

As grandes forças lógicas se demonstram, por exemplo, na ordenação das esferas do culto nas cidades particulares.

Os órficos[17] não plásticos em seus fantasmas, confinando com a alegoria.

Os deuses dos estoicos só se preocupam com o que é grande, negligenciam o pequeno e o individual.

76

Schopenhauer[18] contesta a eficácia da filosofia moral sobre os costumes: como o artista não cria segundo conceitos. Espantoso! É verdade, todo homem já é um ser inteligível (condicionado por inumeráveis gerações!). Mas um estímulo mais forte de determinadas sensações de excitação opera graças aos conceitos, *reforçando* as forças morais. Não se forma nada de novo, mas a energia criadora se concentra num lado. Por exemplo, o imperativo categórico reforçou muito a impressão de virtude desinteressada.

Vemos também aqui que o homem individual eminentemente moral pratica a sedução da imitação. É essa sedução que o filósofo deve propagar. O que é lei para o exemplar supremo deve valer progressivamente como lei em geral: mesmo que seja apenas como *barreira* para os outros.

77

O processo de toda religião, de toda filosofia e de toda ciência em relação ao mundo: começa pelos antropomorfismos mais grosseiros e *jamais cessa de se aperfeiçoar*.

O indivíduo chega mesmo a considerar o sistema sideral como servo ou como estando em conexão com ele.

---

(17) Referência ao personagem mitológico Orfeu, poeta e músico, inventor da lira; abalado pela morte da esposa, obteve das divindades a permissão de resgatá-la nos infernos, com a condição de não olhar para ela até atingirem ambos a claridade; partiu para sua missão, mas não resistindo, fitou-a e ela lhe foi arrebatada para sempre (NT).

(18) Arthur Schopenhauer (1788-1860), filósofo alemão (NT).

Em sua mitologia, os gregos reabsorveram a natureza inteira nos gregos. De alguma forma, só consideravam a natureza como a máscara e como o disfarce dos homens-deuses. Nisso eram o contrário de todos os realistas. O contraste entre a verdade e a aparência estava profundamente enraizado neles. As metamorfoses são específicas deles.

78

A intuição se liga aos conceitos de gênero ou aos *tipos* realizados? Mas o conceito de gênero fica sempre muito atrás de um bom exemplar, o tipo da perfeição está muito além da realidade.

Antropomorfismos éticos.	Anaximandro[19]: justiça
	Heráclito[20]: lei
	Empédocles[21]: amor e ódio
Antropomorfismos lógicos.	Parmênides[22]: Ser puro
	Anaxágoras[23]: *nous* (νουσ)
	Pitágoras[24]: tudo é número

(19) Anaximandro (610-574 a.C.), filósofo e astrônomo grego; afirmava que a terra tem forma de um disco e que a essência do universo era um conjunto indeterminado contendo em si os contrários; todo nascimento era separação e toda morte era reunião desses contrários (NT).

(20) Heráclito de Éfeso (550-480 a.C.), filósofo grego; defendia a tese de que o universo é uma eterna transformação, na qual os contrários se equilibram e, em sua harmonia, esses opostos regem os planos cósmico e humano (NT).

(21) Empédocles (séc. V a.C.), médico, legislador e filósofo grego; construiu uma teoria em que a combinação dos quatro elementos dá origem a todas as coisas, mas os dois princípios antagônicos, o amor ou atração e o ódio ou repulsa, são os agentes que promovem a união ou a desunião dos quatro elementos (NT).

(22) Parmênides de Eleia (515-440 a.C.), filósofo grego, fundador da metafísica com sua distinção entre o ser e o não ser (NT).

(23) Anaxágoras (500-429 a.C.), filósofo grego; defende a teoria de que a natureza se constitui por um número infinito de elementos semelhantes, em cuja composição reside a origem de todas as coisas; tudo está em tudo e nada nasce do nada. O termo grego que Nietzsche refere a ele, *nous*, significa prudência, sabedoria (NT).

(24) Pitágoras (séc. VI a.C.), filósofo e matemático grego, célebre por seus teoremas e cálculos das proporções; afirmava que todas as coisas são números (NT).

79

A história universal é das mais curtas quando é medida a partir dos conhecimentos filosóficos importantes e são deixadas de lado as épocas que lhe foram hostis. Vemos aí uma atividade e uma força criadora entre os *gregos*, como nunca se viu, aliás, em parte alguma: eles preenchem a maior época, realmente produziram todos os tipos.

São os inventores da *lógica*.

A linguagem já não traiu a capacidade do homem em produzir a lógica? É certamente a operação e a distinção lógica mais digna de admiração. Mas a linguagem não nasceu de uma só vez, é o resultado *lógico* de períodos infinitamente longos. É necessário pensar, a esse respeito, no nascimento dos instintos: eles se desenvolveram progressivamente.

A atividade espiritual de milênios consignada na linguagem.

80

O homem só muito lentamente descobre como o mundo é infinitamente complicado. Primeiramente ele o imagina totalmente simples, tão superficial como ele próprio.

Parte de si mesmo, o resultado mais tardio da natureza, e se representa forças, as forças originais, da mesma maneira do que se passa em sua consciência. Toma os *efeitos dos mecanismos mais complicados*, aqueles do cérebro, por efeitos idênticos aos das origens. Uma vez que esse mecanismo complexo produz o inteligível num curto espaço de tempo, supõe que o mundo existe há pouco: não pode ter custado muito tempo ao criador, pensa.

Por isso julga ter explicado alguma coisa com a palavra “instinto” e reporta de bom grado as ações à finalidade inconsciente no devir original das coisas.

O tempo, o espaço e o sentido da causalidade parecem ter sido dados com a primeira *sensação*.

O homem conhece o mundo na medida em que se conhece: sua profundidade se desvenda a ele à medida que se espanta de si mesmo e de sua complexidade.

81

É tão racional tomar como base do mundo as necessidades morais, artísticas, religiosas do homem como as necessidades mecânicas: não conhecemos nem o choque nem o peso. (?)

82

Não conhecemos a essência verdadeira de nenhuma *causalidade* particular. Ceticismo absoluto: necessidade da arte e da ilusão. Deve-se talvez explicar o peso pelo movimento do éter que gira em torno de uma imensa constelação com todo o sistema solar.

83

Não se pode *demonstrar* nem o sentido metafísico nem o sentido ético nem o sentido estético da existência.

A ordem universal, o resultado mais penoso e mais lento de terríveis evoluções, concebida como a essência do universo – Heráclito!

84

É necessário *demonstrar* que todas as construções do mundo são antropomorfismos: sim, todas as ciências, se Kant tiver razão. Dizendo a verdade, há aqui um círculo vicioso: se as ciências têm razão, não levamos em conta os princípios de Kant; se Kant tem razão, as ciências não a têm.

Contra Kant, há sempre a objetar que, para admitir todas as suas teses, subsiste a plena *possibilidade* que o mundo seja tal como nos aparece. De um ponto de vista pessoal, esta posição inteira é inutilizável; ninguém pode viver nesse ceticismo.

Devemos ultrapassar esse ceticismo, devemos *esquecê-lo*. Quantas coisas não devemos esquecer neste mundo! (A arte, a forma ideal, o temperamento.)

Não é no *conhecimento*, é na *criação* que está nossa salvação! Na aparência suprema, na emoção mais nobre está nossa grandeza! Se o universo não nos diz respeito em nada, queremos então ter o direito de desprezá-lo.

85

Temível solidão do último filósofo! A natureza o assombra, abutres planam por cima dele. E ele grita à natureza: dá o esquecimento! Esquecer! – Não, ele *suporta o sofrimento como Titã – até que o perdão lhe seja concedido na arte trágica suprema.*

86

Considerar "o espírito", o produto do cérebro, como sobrenatural! Deificá-lo totalmente, que loucura!

Entre milhões de mundos em corrupção, uma vez um mundo possível! Esse também se corrompe! Não foi o primeiro.

87

ÉDIPO(25)

Solilóquio do último filósofo.

Um fragmento da história da posteridade.

O último filósofo, é assim que me designo, pois sou o último homem. Ninguém me fala a não ser somente eu, e minha voz chega a mim como a de um moribundo! Contigo, voz amada, contigo, último sopro da lembrança de toda felicidade humana, deixa-me ainda esse comércio de uma única hora; graças a ti dou o troco à minha solidão e penetro na mentira de uma multidão e de um amor, pois meu coração rejeita em acreditar que o amor esteja morto, não

---

(25) Personagem da mitologia grega que matou o pai e desposou a mãe, sem saber que eram seus pais, pois fora abandonado nas montanhas quando pequeno; ao descobrir a verdade, Édipo vazou seus próprios olhos e sua mãe Jocasta se enforcou (NT).

suporta o arrepio da mais solitária das solidões e me obriga a falar como se eu fosse dois.

Ouço-te ainda, minha voz? Cochichas praguejando? E tua maldição teve de explodir as entranhas deste mundo! Mas ele vive ainda e só me fixa com mais brilho e frieza de suas estrelas impiedosas, ele vive, tão estúpido e cego como nunca foi, e *um* só morre, o homem.

E contudo! Ouço-te ainda, voz amada! Morre ainda *alguém* fora de mim, o último homem, neste universo: o último suspiro, *teu* suspiro morre comigo, esse longo ai! ai! suspirado em mim, o último dos miseráveis, Édipo!

88

Vemos com a Alemanha contemporânea que o florescimento das ciências é possível numa civilização que se tornou bárbara; assim também a utilidade nada tem a ver com as ciências (embora pareça ser assim pelo fato das vantagens concedidas aos estabelecimentos de ciências físicas e químicas e embora simples químicos possam se tornar célebres como "capacidades").

Tem para ela um éter vital apropriado. Uma civilização em declínio (como a civilização alexandrina) e uma falta de civilização (como a nossa) não a tornam impossível. O conhecimento é bem um *substitutivo* de civilização.

89

Os *eclipses*, por exemplo na Idade Média, são realmente períodos de saúde, como tempos de sono para o gênio intelectual do homem?

Ou esses *eclipses* são o resultado de desígnios superiores? Se os livros têm seu *destino*, pode-se também considerar o declínio de um livro como um *destino* dotado de algum desígnio.

Nossos *desígnios* nos põem em *confusão*.

90

No filósofo, a atividade continua sob a forma de metáforas. O esforço de dominação *unitária*. Toda coisa se esforça até o incomensurável; na natureza, o caráter individual raramente é fixo, mas ganha sempre mais terreno. A questão da *lentidão* ou da *rapidez* é altamente humana. Quando voltamos os olhos para o infinitamente pequeno, todo desenvolvimento é sempre um desenvolvimento *infinitamente rápido*.

91

Como a verdade tem importância para os homens! É a vida mais elevada e mais pura possível a de possuir a verdade na crença. *A crença na verdade* é necessária ao homem.

A verdade aparece como uma necessidade social: por uma metástase, ela é em seguida aplicada a tudo, mesmo onde não é necessária.

Todas as virtudes nascem de necessidades. Com a sociedade começa a necessidade da veracidade, senão o homem vive em eternos véus. A fundação dos Estados suscita a veracidade.

O instinto do conhecimento tem uma fonte *moral*.

92

A memória não tem nada a ver com os nervos, com o cérebro. É uma propriedade original. De fato, o homem traz em si a memória de todas as gerações passadas. A *imagem* da memória é algo muito engenhoso e muito *raro*.

É tão pouco possível falar de uma memória sem defeito como de uma ação das leis da natureza absolutamente oportuna.

93

Haverá um raciocínio inconsciente? A matéria *raciocina*? Ela sente e combate por seu ser individual. A "vontade" se mostra primeiramente na *mudança*, isto é, que há uma *espécie* de *vontade livre* que modifica a essência de uma coisa por prazer e para fugir do desprazer. – A matéria tem um número de qualidades que são *proteiformes*, matéria que, segundo o ataque, confirma, reforça, posa para o todo. As qualidades parecem ser somente atividades modificadas e determinadas de uma matéria *única*, intervindo segundo as proporções da massa e do número.

94

Só conhecemos uma realidade – a dos *pensamentos*. Como? Se isso fosse a essência das coisas? Se a memória e a sensação fossem os *materiais* das coisas?

95

O pensamento nos dá o conceito de uma forma inteiramente nova da *realidade*. É constituída de sensação e de memória.

O homem no mundo poderia realmente ser concebido como alguma figura *saída de um sonho* e que ao mesmo tempo se sonha a si mesmo.

96

O choque, a ação de um átomo sobre o outro, pressupõe também a *sensação*. Algo de estranho em si não pode agir sobre outro.

Não o despertar da sensação, mas o da consciência no mundo é o que há de difícil. Mas ainda explicável se tudo possui uma sensação.

Se tudo possui uma sensação, teremos uma confusão de centros de sensações muito pequenos, maiores e muito grandes.

Esses complexos de sensações, maiores ou menores, devem ser chamados "vontades".

Dificilmente nos desfazemos das *qualidades*.

97

Sensação, movimentos reflexos, muito frequentes e sucedendo-se com a velocidade do relâmpago, animando-se progressivamente, produzem a operação do raciocínio, isto é, o sentimento de causalidade. Do sentido da causalidade dependem o espaço e o tempo. A memória conserva os movimentos reflexos realizados.

A consciência começa com o sentido da causalidade, quer dizer que a memória é mais velha que a consciência. Por exemplo, na planta mimosa temos a memória, mas não a consciência. Memória naturalmente sem imagem nas plantas.

Mas a *memória* deve então pertencer à essência da *sensação*, portanto, ser uma propriedade original das coisas. Mas então também o movimento reflexo.

A inviolabilidade das leis da natureza significa, portanto: sensação e memória estão na essência das coisas. Que, ao contato com outra, uma substância material se decida justamente assim, tem a ver com memória e sensação. Ela o aprendeu em dado momento, dito de outra forma, as atividades das substâncias materiais são *leis* em transformação. Mas a decisão deve então ter sido tomada por intermédio do *prazer* e do *desprazer*.

98

Mas se prazer, desprazer, sensação, memória, movimento reflexo pertencem à essência da matéria, então o conhecimento do homem *penetra muito mais profundamente na essência das coisas*.

A lógica inteira se resolve, pois, na natureza por um sistema de *prazer* e de *desprazer*. Cada um procura seu prazer e foge do desprazer, essas são as leis eternas da natureza.

99

Todo conhecimento é medida para uma escala. Sem uma escala, isto é, sem alguma restrição, não há conhecimento. No domínio das formas intelectuais, acontece o mesmo se eu interrogar sobre o valor do conhecimento em geral: devo tomar uma posição qualquer que se situe mais alto ou que pelo menos seja *fixa* para servir de escala.

100

Se conduzirmos todo o mundo intelectual à excitação e à sensação, essa percepção muito indigente esclarece o menos possível.

A proposição: "não há conhecimento sem conhecedor, ou não há sujeito sem objeto e não há objeto sem sujeito", é inteiramente verdadeira, mas da mais extrema trivialidade.

101

Não podemos dizer nada da coisa em si, porque nos privamos na base do ponto de vista do conhecedor, isto é, do medidor. Uma qualidade existe para nós, medida para nós. Se retirarmos a medida, o que será ainda a qualidade?

É somente por intermédio de um sujeito medindo, colocado ao lado das coisas, que é necessário demonstrar o que *são* essas coisas. Suas qualidades em si não nos dizem respeito, mas suas qualidades enquanto agem sobre nós.

Agora é necessário perguntar: como se produziu semelhante ser medidor? A planta é também um *ser medidor*.

O prodigioso consenso dos homens a respeito das coisas demonstra a completa similaridade de seu aparelho sensorial.

102

Para a planta, o mundo é tal e tal; para nós, tal e tal. Se compararmos as duas forças de percepção, nosso conceito do mundo vale para nós como sendo mais justo, isto é, como correspondendo mais à verdade. Ora, o homem se desenvolveu lentamente e o conhecimento continua a se desenvolver: a imagem do mundo se torna, portanto, sempre mais verdadeira e completa. Naturalmente, não passa de um *reflexo de espelho*, um reflexo sempre mais claro. O próprio espelho não é totalmente estranho nem sem relação com a essência das coisas, mas ele também nasceu lentamente, enquanto igualmente essência das coisas. Vemos um esforço para tornar o espelho cada vez mais adequado: a ciência continua o processo natural. Assim, as coisas se refletem de uma forma sempre mais pura: libertação progressiva daquilo que é demasiado antropomórfico. Para a planta, o universo inteiro é planta; para nós, é homem.

103

A marcha da filosofia: primeiramente se pensa que os homens são os autores de todas as coisas – pouco a pouco as coisas são explicadas segundo a analogia com certas propriedades humanas – finalmente se chega à *sensação*. Grande problema: a sensação é um fato original de toda matéria? Atração e repulsão?

104

O instinto do conhecimento em matéria de história – sua finalidade: conceber o homem no devir, aqui também suprimir o milagre. Esse instinto extrai do instinto da civilização sua maior força: o conhecimento é exuberância no estado puro, dessa forma a civilização atual em nada se torna superior.

105

Considerar a filosofia como a astrologia: a saber, ligar o destino do universo ao do homem: considerar a evolução superior do *homem* como a mais alta evolução do *universo*. É desse instinto filosófico que todas as ciências recebem sua alimentação. A humanidade aniquila primeiramente as religiões e a seguir as ciências.

106

O homem até utilizou logo a teoria kantiana do conhecimento para a glorificação do homem: o universo só tem realidade nele. Como uma bola, é lançado e relançado nas cabeças humanas. Na verdade, isso significa só isto: pensa-se que existe uma obra de arte e um homem estúpido para contemplá-la. Sem dúvida ela só existe como fenômeno cerebral para esse homem estúpido na medida em que ele próprio é ainda artista e traz consigo as formas. Poderia ousadamente afirmar: fora de meu cérebro, esta obra de arte não possui nenhuma realidade.

As *formas* do intelecto nasceram da matéria, muito gradualmente. É em si verossímil que sejam estritamente adequadas à verdade. De onde teria vindo semelhante aparelho que descobre algo de novo?

107

A faculdade principal me parece ser a de perceber a *forma*, me parece basear-se num espelho. O espaço e o tempo não passam de coisas *medidas*, medidas sobre um ritmo.

108

Vocês não devem se refugiar numa metafísica, mas sacrificar-se à *civilização* do devir! É por isso que me oponho absolutamente ao idealismo do sonho.

109

Todo saber nasce da separação, da delimitação, da restrição; nenhum saber absoluto de um todo!

110

Prazer e desprazer como sensações universais? Não creio.

Mas onde intervêm as forças artistas? Certamente no cristal. A criação da *forma*; não há nisso um ser intuindo em pressupor?

111

A *música* como *suplemento* da *linguagem*: numerosas excitações e estados inteiros de excitação que a linguagem não pode representar são reproduzidos pela música.

112

Não há *forma* na natureza, porque não há nem interior nem exterior.

Toda arte nasce no *espelho* do olho.

113

O *conhecimento sensorial* do homem está certamente em busca de *beleza*; ela transfigura o mundo. Que outra coisa procuramos? Que queremos para além de nossos sentidos? O conhecimento incessante acaba por chegar ao feio e ao odiável. – *Estar satisfeito* com o mundo visto por um olho de artista!

114

Desde que se queira *conhecer* a coisa em si, ela *é precisamente este mundo*. Conhecer só é possível como um refletir e um se medir por meio de uma *medida* (sensação).

Sabemos o que é o mundo: o conhecimento absoluto e incondicionado é querer conhecer sem conhecimento.

115

É necessário reconduzir os pretensos *raciocínios inconscientes à memória que conserva tudo*, que oferece experiências de um modo paralelo e com isso *conhece* já as sequelas de uma ação. Não é uma antecipação do efeito, mas o sentimento: mesmas causas, mesmos efeitos, produzido por uma imagem da memória.

116

Os *raciocínios* inconscientes provocam minha reflexão: será provavelmente essa passagem de *imagem a imagem*; a última imagem atingida opera então como excitação e motivo. O pensamento inconsciente deve realizar-se sem conceitos: portanto, por *intuições*.

Mas este é o método de raciocínio do filósofo contemplativo e do artista. Faz a mesma coisa que cada um faz nos ímpetos fisiológicos pessoais, transpor para um mundo impessoal.

Esse pensamento por imagens não é *a priori* de natureza estritamente lógica, mas de qualquer modo mais ou menos lógica. O filósofo se esforça então em colocar, em lugar do pensamento por imagens, um pensamento por conceitos. Os instintos parecem ser também semelhante pensamento por imagens que, em última análise, se transforma em excitação e em motivo.

117

Confundimos com muita facilidade a coisa em si de Kant e a verdadeira essência das coisas dos *budistas*; a realidade mostra de fato a *aparência* ou uma *aparição totalmente adequada à verdade*. A aparência como não ser e a aparição do sendo são confundidas uma com a outra. No vazio inserem-se todas as superstições possíveis.

118

O filósofo apanhado nas redes da *linguagem*.

119

Quero descrever e sentir o *desenvolvimento prodigioso* de *um* filósofo que quer o conhecimento, do filósofo da humanidade.

A maioria dos homens subsiste tão bem sob a condução do instinto que não reparam em absoluto o que acontece. Quero dizer e fazer notar o que acontece.

O filósofo aqui é idêntico a todo esforço da ciência. De fato, todas as ciências se baseiam unicamente no fundamento geral do filósofo. Demonstrar a *unidade* prodigiosa em todos os instintos do conhecimento: o erudito falido.

120

A *infinidade* é o fato inicial original: somente se deveria explicar de onde vem o *finito*. Mas o ponto de vista do *finito* é puramente sensível, isto é, uma ilusão.

Como se pode ousar falar de uma determinação da terra!

No tempo infinito e no espaço infinito não há fins: *o que está lá está lá eternamente*, sob qualquer forma que seja. Que mundo metafísico deve haver é impossível de prever.

Sem nenhum apoio desse tipo é necessário que a humanidade possa se manter de pé – tarefa imensa dos artistas.

121

O tempo em si é um absurdo: só há tempo para um ser que sente. E o mesmo ocorre com o espaço.

Toda *forma* pertence ao sujeito. É a apreensão da *superfície* através do espelho. Devemos abstrair todas qualidades.

Não podemos nos representar as coisas como são, porque não deveríamos justamente pensá-las.

Tudo permanece como está: todas as qualidades traem um estado das coisas indefinível, absoluto.

122

A consequência terrível do darwinismo que, aliás, tenho por verdadeira. Toda nossa veneração se reporta às qualidades, que temos por eternas: do ponto de vista moral, artístico, religioso etc.

Com os instintos não avançamos um passo para explicar a conveniência dos meios e do fim. De fato, esses instintos já são eles próprios o resultado de processos prosseguidos desde um tempo infinitamente longo.

A vontade não se objetiva *adequadamente*, como diz Schopenhauer: isso parece assim quando saímos das formas mais acabadas.

Essa própria vontade é na natureza um resultado muito complicado. Estando pressupostos os *nervos*.

E mesmo o peso não é um fenômeno simples, mas de novo o efeito de um movimento do sistema solar, do éter e assim por diante.

E o choque mecânico é também algo de complexo.

O éter universal como matéria original.

123

Todo conhecer é um refletir em formas totalmente determinadas que não existem *a priori*. A natureza não conhece nenhuma *forma*, nenhuma *grandeza*, mas é somente para um conhecedor que as coisas se apresentam com tal grandeza ou com tal pequenez. O *infinito* na natureza: ela não tem nenhum limite, em parte alguma. Só para nós há finito. O tempo divisível ao *infinito*.

124

Valor objetivo do conhecimento – não torna *melhor*. Não tem fins últimos universais. Seu nascimento é devido ao acaso. Valor da veracidade. – Sim, ela torna melhor! Seu objetivo é o declínio. Procede a um sacrifício. Nossa *arte* é a imagem do conhecimento desesperado.

125

A humanidade tem no conhecimento um bom meio para perecer.

126

Que o homem se tenha tornado assim e não de outra forma é certamente obra sua: que esteja tão engajado na ilusão (o sonho) e orientado para a superfície (o olho), essa é sua *essência*. Será de espantar que mesmo os instintos de verdade terminem por desembocar de novo em seu fundamento?

127

Nós nos sentimos grandes quando ouvimos falar de um homem cuja vida foi aniquilada por uma mentira e que, no entanto, não mentiu – mais ainda, quando um homem de Estado, pela preocupação com a veracidade, destrói um reino.

128

Nossos hábitos tornam-se virtudes graças a uma transposição livre no domínio do dever, pelo fato de trazermos a inviolabilidade nos conceitos; nossos hábitos tornam-se virtudes pelo fato de considerarmos o bem particular menos importante que sua inviolabilidade – por conseguinte, pelo sacrifício do indivíduo ou pelo menos pela possibilidade entrevista de semelhante sacrifício. – Quando o indivíduo começa a se considerar pouco importante, começa o domínio das virtudes e das artes – nosso mundo metafísico. O *dever* seria particularmente *puro* se na essência das coisas *nada correspondesse ao fato moral.*

129

Não pergunto qual é o objetivo do conhecimento: ele se produziu fortuitamente, ou seja, sem intenção final racional. Como uma extensão ou um endurecimento e uma consolidação de uma forma de pensar e agir necessária em certos casos.

130

Por natureza, o homem não existe para o conhecimento – a *veracidade* (e a *metáfora*) produziu a inclinação para a verdade. Assim um fenômeno moral, esteticamente generalizado, dá o instinto intelectual.

131

O análogo lembra o análogo e compara-se por esse meio: isso é o conhecer, a rápida subsunção do mesmo gênero. Só o análogo percebe o análogo: um processo fisiológico. O mesmo que é memória é também percepção do novo. Não há pensamento do pensamento.

132

O valor do mundo deve ser revelado em seus menores fragmentos – observem o homem, e então saberão o que esperar da humanidade.

133

A necessidade produz às vezes a veracidade como meio de existência de uma sociedade.

O instinto se fortalece por meio de um exercício frequente e é agora injustamente transposto por metástase. Torna-se a tendência em si. Do exercício para casos determinados faz-se uma qualidade. Temos agora o instinto do conhecimento.

Essa generalização se produz por intermédio do *conceito* que se interpõe. É com um *juízo falso* que essa qualidade começa – ser verdadeiro significa ser *sempre* verdadeiro. Daí provém a tendência de não viver na mentira: supressão de todas as ilusões.

Mas é jogado de uma rede a outra.

134

O homem bom quer também ser verdadeiro e crê na verdade de todas as coisas. Não só da sociedade, mas também do mundo. Por conseguinte, acredita na possibilidade de aprofundar-se. De fato, por que razão o mundo deveria enganá-lo?

Transpõe, portanto, sua própria tendência no mundo e acredita que o mundo também *deve* ser verdadeiro para com ele.

135

Considero falso falar de um objetivo inconsciente da humanidade. Ela não é um todo como um formigueiro. Talvez se possa falar do objetivo inconsciente de uma cidade, de um povo: mas que sentido tem falar de um objetivo inconsciente de *todos os formigueiros* da terra?

136

É no impossível que a humanidade se perpetua, essas são suas *virtudes* – o imperativo categórico, como a oração "filhos, amai-vos", são dessas exigências do impossível.

A *pura lógica* é, portanto, o impossível, graças ao qual a ciência se mantém.

O filósofo é o mais raro no meio do que é grande, porque o conhecer só veio ao homem acessoriamente e não como dom original. É também por isso que é o tipo superior do que é grande.

137

Nossa ciência da natureza caminha para a *ruína*, para o mesmo fim daquele do conhecimento.

Nossa cultura histórica caminha para a morte de toda civilização. Ela combate as religiões – é acessoriamente que aniquila as civilizações.

É uma reação não natural contra a pressão religiosa terrível – fugindo agora até o extremo. Sem qualquer medida.

138

Uma moral *negadora* supremamente grandiosa, porque maravilhosamente impossível. Que sentido tem o homem dizer não! Com toda a franqueza, enquanto todos os seus sentidos e todos os seus nervos dizem sim! E que cada fibra, cada célula se opõe.

Quando falo da assustadora possibilidade de o conhecimento tender para a ruína, estou pelo menos disposto a tecer um elogio à geração presente: nela não tem nada de semelhantes tendências. Mas quando se olha para o caminho da ciência desde o século XV, semelhante poder e semelhante possibilidade se manifestam sem dúvida alguma.

139

Uma excitação sentida e um olhar lançado para um movimento, ligados um ao outro, dão a causalidade antes de tudo como axioma fundado na experiência: duas coisas, a saber, uma sensação determinada e uma imagem visual determinada, aparecem sempre juntas: que uma seja a causa da outra, é uma *metáfora tomada da vontade e do ato*, um raciocínio por analogia.

A única causalidade de que temos consciência está entre o querer e o fazer – é aquela que referimos a todas as coisas para explicar a relação entre duas variações concomitantes. A intenção ou o querer produz os *nomina* (nomes), o fazer produz os *verba* (palavras).

O animal enquanto querer – é sua essência.

A partir da *qualidade e do ato*: uma qualidade nos conduz ao agir: enquanto no fundo acontece de tal forma que, a partir de ações, concluímos qualidades: admitimos qualidades porque vemos ações de uma determinada ordem.

Assim: o que vem em primeiro lugar é *a ação*, e ligamos esta a uma qualidade.

Primeiro nasce a palavra para a ação; daí a palavra para a qualidade. Essa relação dirigida a todas as coisas é a *causalidade*.

Primeiro "ver", depois "visão". O "ato de ver" passa pela causa do "ver". Entre o sentido e sua função sentimos uma relação regular: a causalidade é a transposição dessa relação (do sentido à função sensorial) a todas as coisas.

Um fenômeno original é: ligar ao olho a excitação sentida no olho, isto é, ligar ao sentido uma excitação sensorial. Em si, o que é dado é somente uma excitação: sentir esta como uma ação do olho e denominá-la "ver" é uma indução causal. *Sentir uma excitação como sendo uma atividade*, sentir como ativo algo de passivo, é a primeira sensação de causalidade, ou seja, a primeira sensação já traz com ela essa sensação de causalidade. A conexão interna da excitação e da atividade, dirigida a todas as coisas. *O olho é ativo depois de uma excitação*: isto é, vê. É a partir de nossas funções sensoriais que explicamos o mundo, ou seja, pressupomos em tudo uma causalidade, porque nós próprios *experimentamos continuamente* semelhantes variações.

140

Tempo, espaço e causalidade são apenas *metáforas* do conhecimento, por meio das quais interpretamos as coisas. Excitação e atividades ligadas uma à outra: como isso se faz, não o sabemos, não compreendemos nenhuma causalidade particular, mas temos dela uma experiência imediata. Todo sofrimento provoca uma ação, toda ação, um sofrimento – esse sentimento mais geral já é uma *metáfora*. A multiplicidade percebida pressupõe, portanto, já o tempo e o espaço, sucessão e justaposição. A justaposição no tempo produz a sensação de espaço.

A sensação de tempo dada com o sentimento da causa e do efeito, como resposta à questão dos graus de rapidez das diversas causalidades.

Derivar a sensação de espaço somente como metáfora da sensação do tempo – ou o inverso?

Duas causalidades localizadas uma ao lado da outra.

141

A única maneira de nos tornarmos senhores da multiplicidade é constituir categorias, por exemplo, chamar "ousado" um grande número de modos de ação. Nós os explicamos a nós mesmos quando os incluímos sob a rubrica "ousado". Todo explicar e todo conhecer não passa propriamente de um denominar. – Logo, de um salto ousado: a multiplicidade das coisas é colocada de acordo quando de alguma forma consideramos as coisas como as ações inumeráveis de *uma mesma* qualidade; por exemplo enquanto ações da *água*, como em Tales[26]. Temos aqui uma transposição: uma abstração abrange inumeráveis ações e adquire valor de causa. Qual é a abstração (qualidade) suscetível de abranger a multiplicidade das coisas? A qualidade "aguado", "úmido". O mundo inteiro é úmido, *logo, ser úmido é o mundo inteiro.* Metonímias. Um falso silogismo. Um predicado é confundido com uma soma de predicados (definição).

142

O *pensamento lógico*, pouco praticado pelos gregos jônicos, se desenvolve muito lentamente. Compreenderemos melhor os falsos silogismos como metonímias, ou seja, de forma retórica e poética.

Todas as *figuras de retórica* (isto é, a essência da linguagem) são *falsos silogismos*. E é com eles que a razão começa!

143

Vemos de uma só vez como primeiramente se continua a *filosofar* e como *nasceu a linguagem*, isto é, ilogicamente.

Acrescenta-se então o *pathos* da *verdade* e da *veracidade*. Isso não tem inicialmente nada a ver com a lógica. Enuncia somente que *nenhuma ilusão consciente* é cometida. Mas essas ilusões na linguagem e na filosofia são primeiramente inconscientes e muito difíceis de levar à consciência. Entretanto, por meio da confrontação de filosofias diferentes, estabelecidas com o mesmo *pathos* (ou pela confrontação de religiões diferentes) estabelece-se um combate singular. No encontro de religiões inimigas, cada uma se ajudou a si própria pelo fato de que explicava as outras como falsas: o mesmo ocorreu com os sistemas.

---

(26) Tales de Mileto (séc. VII-VI a.C.), matemático, astrônomo e filósofo grego; celebrizou-se por seus teoremas, por suas observações astronômicas e confecção de um calendário, por suas indicações meteorológicas e por sua cosmologia – segundo ele, "tudo é água", estabelecendo a água como o princípio e a origem do universo (NT).

Foi o que conduziu alguns pensadores ao ceticismo: a verdade está no poço! gemeram eles.

Em Sócrates a veracidade toma posse da lógica: ela observa a infinita dificuldade de denominar com exatidão.

144

É sobre tropos e não sobre raciocínios inconscientes que repousam nossas percepções sensíveis. Identificar o semelhante com o semelhante, descobrir alguma semelhança entre uma coisa e outra, é o processo original. A *memória* vive dessa atividade e se exerce continuamente. O fenômeno original é, portanto, a *confusão* – o que supõe *o ato de ver as formas*. A imagem no olho dá a medida a nosso conhecer, depois o ritmo a dá a nosso ouvir. A partir do olho nunca teríamos chegado à representação do tempo; a partir do ouvido não conseguiríamos melhores resultados na representação do espaço. Ao sentido do tato corresponde a sensação de causalidade.

Inicialmente não vemos as imagens no olho a não ser *em nós*, não ouvimos o som a não ser *em nós* – daí a admitir a existência de um mundo exterior, vai um grande passo. A planta, por exemplo, não sente nenhum mundo exterior. O sentido do tato e ao mesmo tempo a imagem visual dão duas sensações justapostas; estas, porque aparecem sempre uma com a outra, despertam a representação de uma conexão (por meio da *metáfora* – pois, tudo o que aparece ao mesmo tempo não é conexo).

A abstração é um produto de grande importância. É uma impressão duradoura que se fixou e se endureceu na memória e que convém a numerosos fenômenos e que, por isso, é para cada um em particular muito inapropriada e muito insuficiente.

145

Mentira do homem em relação a ele próprio e ao outros: pressuposição: a ignorância – necessária para existir (só e em sociedade). No *vazio* se insere a ilusão das representações. O sonho. Os conceitos recebidos (que, apesar da natureza, dominam o pintor germânico) diferentes em todas as épocas. Metonímias. Excitações e não conhecimentos completos.

O olho dá formas. Nós ficamos presos à superfície. A inclinação para o belo. Falta de lógica, mas existência de metáforas. Religiões, filosofias. *Imitação*.

146

A *imitação* é o meio de toda civilização, é por esse meio que o instinto se forma aos poucos. *Toda comparação (pensamento original) é uma imitação*. É assim que se formam *espécies* tais que são exemplares semelhantes que imitam com força as primeiras, ou seja, copiam o exemplar maior e mais forte. A aprendizagem de uma *segunda natureza* por meio da imitação. É na procriação que a reprodução inconsciente é mais notável e, além disso, a educação de uma segunda natureza.

147

Nossos sentidos imitam a natureza arremedando-a sempre mais.

A imitação supõe uma recepção, depois uma transposição contínua da imagem percebida em mil metáforas, todas eficazes. O *análogo*.

148

Que poder obriga à imitação? A apropriação de uma impressão estranha por meio de metáforas. Excitação – imagem da lembrança, ligadas por meio da metáfora (raciocínio por analogia). Resultado: semelhanças são descobertas e reanimadas. A excitação *repetida* se desenrola uma vez mais a propósito de uma imagem da lembrança.

A excitação percebida – agora *repetida* em numerosas metáforas no meio das quais as imagens aparentadas afluem de diferentes rubricas. Toda percepção visa a uma imitação múltipla da excitação, mas com transposição para terrenos variados.

A excitação sentida – transmitida aos nervos aferentes, aí repetida na transposição e assim por diante.

O que tem lugar é a tradução de uma impressão sensorial em outras: diante da audição de certos sons, muitas pessoas veem algo ou saboreiam algo. É um fenômeno perfeitamente geral.

149

O fato de *imitar* é o contrário do fato de *conhecer* no sentido que precisamente o fato de conhecer não quer fazer valer qualquer transposição, mas quer manter a impressão sem metáfora e sem consequências. Com esse uso, a impressão fica petrificada: é tomada e marcada pelos conceitos, depois morta, despojada e mumificada e conservada sob a forma de conceito.

Ora, não há expressão "intrínseca" e *não há conhecimento intrínseco sem metáfora*. Mas a ilusão a esse respeito persiste, isto é, a crença numa verdade da impressão sensorial. As metáforas mais habituais, aquelas que são usuais, têm agora valor de verdades e de medida para as mais raras. Somente aqui governa em si a diferença entre costume e novidade, frequência e raridade.

O *fato de conhecer* é somente o fato de trabalhar sobre as metáforas mais aceitas, portanto, é uma forma de imitar que não é mais sentida como imitação. Não pode, pois, naturalmente penetrar no reino da verdade.

O *pathos* do instinto de verdade pressupõe a observação de que os diferentes universos metafóricos são desunidos e se combatem, por exemplo, o sonho, a mentira etc., contra a maneira de ver habitual e usual: uma é mais rara, a outra mais frequente. Assim o uso combate a exceção, o regulamentar contra o inabitual. Disso decorre que o respeito pela realidade cotidiana venha antes do mundo do sonho.

Ora, o que é raro e inabitual é *o que possui mais encanto* – a mentira é sentida como sedução. Poesia.

150

Todas as leis da natureza são apenas *relações* de um *x* a um *y* a um *z*. Definimos as leis da natureza como as relações a um *x, y, z*, dos quais, cada um por sua vez não nos é conhecido senão enquanto relação com outros *x, y, z*.

Para falar com exatidão, o fato de conhecer tem a única forma da tautologia e *é vazio*. Todo conhecimento que nos faz avançar é uma *maneira de identificar o não idêntico* e o semelhante, isto é, é essencialmente ilógico.

É somente por essa via que adquirimos um conceito, depois do que fazemos como se o conceito "homem" fosse algo de efetivo quando foi criado por nós pelo fato do abandono de todos os traços individuais. Postulamos que a natureza procede segundo esse conceito: mas aqui primeiro a natureza e, a seguir, o conceito são antropomórficos. A *omissão* do que é individual nos dá o conceito e com ele começa nosso conhecimento: na *denominação*, no estabelecimento dos *gêneros*. Mas é ao que não corresponde a essência das coisas. Numerosos traços determinam para nós uma coisa, não todas: a identidade desses traços nos leva a compreender vários objetos sob um mesmo conceito.

Nós produzimos os seres enquanto são *portadores de qualidades* e as abstrações enquanto são causas dessas qualidades. O fato de que uma unidade – uma árvore, por exemplo – nos apareça como uma multiplicidade de qualidades, de relações, é duplamente antropomórfico: primeiramente essa unidade delimitada "árvore" não existe; é arbitrário recortar assim uma coisa (pelo olho, pela forma), essa relação não é a verdadeira relação absoluta, mas está novamente tingida de antropomorfismo.

151

O filósofo não procura a verdade, mas a metamorfose do mundo nos homens: luta pela compreensão do mundo com a consciência de si. Luta em vista de uma *assimilação*: fica satisfeito quando consegue colocar algo de antropomórfico. Do mesmo modo que o astrólogo vê o universo a serviço dos indivíduos particulares, assim também o filósofo vê o mundo como sendo um ser humano.

152

A essência da definição: o lápis é um sólido alongado etc. – A é B. Aquilo que é alongado é aqui ao mesmo tempo colorido. – As qualidades detêm somente relações. Um sólido determinado é igual a tantas outras relações. As relações não podem nunca ser a essência, mas somente consequência da essência. O juízo sintético descreve um objeto segundo suas consequências, isto é, *essências* e *formas* são *identificadas*, dito de outra forma, há uma *metonímia*.

Na essência do juízo sintético encontra-se, portanto, uma *metonímia*. Isso é dizer que é uma *equação falsa*. Logo, os *silogismos sintéticos são ilógicos*. Quando os utilizamos pressupomos a metafísica popular, isto é, aquela que toma os efeitos pelas causas.

O conceito "lápis" é confundido com a "coisa" lápis. O "é" do juízo sintético é falso, comporta uma transposição, duas esferas de ordem diferente são comparadas, entre as quais uma equação jamais poderá ter lugar.

Vivemos e pensamos no meio dos únicos efeitos do *ilógico*, no não saber e no falso saber.

153

Os indivíduos são as pontes sobre as quais repousa o devir. Todas as qualidades originalmente são apenas *ações únicas*, depois ações muitas vezes repetidas em casos semelhantes, enfim hábitos. Em toda ação toma parte a essência inteira do indivíduo e a um hábito corresponde uma transformação específica do indivíduo. Tudo é individual num indivíduo, até a menor célula; o que significa que a totalidade toma parte em todas as experiências e em todos os passados. Daí a possibilidade da *procriação*.

154

Pelo fato de seu isolamento, algumas séries de conceitos podem se tornar tão veementes que atraem a si a força de outros instintos. É isso que ocorre, por exemplo, com o instinto do conhecimento.

Uma natureza assim preparada, determinada até nas células, perpetua-se então de novo e se transmite hereditariamente: desenvolvendo-se até que, por fim, a absorção orientada para um só lado destrua o vigor geral.

155

O artista não contempla "ideias": sente prazer com as relações numéricas.

Todo prazer se baseia na proporção, todo desprazer numa desproporção.

Os conceitos construídos sobre o modelo dos números.

As intuições que representam boas relações numéricas são belas.

O homem de ciência *calcula* os números aferentes às leis da natureza, o artista os *contempla*: lá, legalidade; aqui, beleza.

O objeto da contemplação do artista é totalmente superficial, nenhuma "ideia"! O envelope mais leve para belos números.

156

A obra de arte se relaciona com a natureza da mesma forma que o círculo matemático se relaciona com o círculo natural.

Notas para o prefácio

157

Dedicado a Arthur Schopenhauer, o imortal. – Prefácio a Schopenhauer. – Entrada nos infernos. – Eu te sacrifiquei muitas ovelhas negras – a propósito disso, as outras ovelhas se queixam.

158

Neste livro não levo em nenhuma consideração os eruditos contemporâneos e dou assim a impressão de contá-los no número das coisas indiferentes. Mas se se quiser refletir tranquilamente sobre coisas sérias, não se deve ser incomodado por um espetáculo repugnante. Neste momento volto, contra minha vontade, os olhos para eles para lhes dizer que não me são indiferentes, mas que gostaria de bom grado que o fossem para mim.

159

Faço uma tentativa para ser útil àqueles que merecem ser iniciados, oportuna e seriamente, no estudo da filosofia. Que esta tentativa tenha êxito ou não, sei muito bem, contudo, que é necessário ultrapassá-la e não lhe desejo nada mais, para o bem desta filosofia, do que ser imitada e ultrapassada.

A esses é necessário aconselhar, por boas razões, que se não sujeitem às diretivas de alguns universitários, filósofos de profissão, mas que leiam Platão.

Eles devem, antes de tudo, desaprender toda espécie de mentiras e se tornarem simples e naturais.

Perigo de cair em mãos erradas.

160

Os filólogos deste tempo se mostraram indignos de poder contar comigo do lado deles, eu e meu livro: não estou perfeitamente seguro se, mesmo nesse caso, devo me dirigir a eles para saber se querem ou não aprender alguma coisa; mas não me sinto inclinado a dar-lhes pistas de qualquer tipo que seja.

Aquilo que neste momento se intitula filologia e que só indico a propósito de forma neutra, poderia ainda desta vez negligenciar meu livro: de fato, ele é de natureza viril e não vale nada para os castrados. A esses convém muito mais ficar sentados em sua profissão a tecer conjeturas.

161

Àqueles que só querem sentir uma satisfação de *erudito*, não lhes facilitei a coisa, porque no final das contas eu não contava em absoluto com eles. Não há citações.

162

Em matéria de sentenças sábias, o século dos Sete Sábios não se preocupava demasiado com a propriedade literária, mas a levava a sério sempre que alguém lhe anexasse uma sentença.

163

Escrever de uma forma absolutamente impessoal e fria.

Eliminar os "nós" e os "eu". Limitar até mesmo as frases com a conjunção "que". Evitar tanto quanto possível todo termo técnico.

É necessário dizer tudo de forma tão precisa quanto possível e deixar de lado todo termo técnicos, mesmo "vontade".

164

Gostaria de tratar da questão do valor do conhecimento como um anjo glacial que atravessa a confusão. Sem ser mau, mas também sem amenidades.

Para o plano: "O último filósofo"

165

Condenaram ao fracasso a finalidade original da filosofia.

Contra a historiografia icônica.

Filosofia, sem civilização, e ciência.

Posição modificada da filosofia desde Kant. A metafísica tornada impossível. Autocastração.

A trágica resignação, o fim da filosofia.

Única arte suscetível de nos salvar.

1. Os filósofos restantes.
2. Verdade e ilusão.
3. Ilusão e civilização.
4. O último filósofo.

O método dos filósofos, para terminar com isso, se limita a um jogo de rubricas.

O instinto ilógico.

Veracidade e metáfora.

Dever da filosofia grega: o domínio.

Efeito bárbaro do conhecimento.

A vida na ilusão.

Filosofia morta desde Kant.
Schopenhauer, o simplificador descarta a escolástica.
Ciência e civilização. Contrários.
Dever da arte.
O caminho é a educação.
A filosofia deve produzir o despojamento trágico.

A filosofia dos tempos modernos, sem ingenuidade, escolástica, sobrecarregada de fórmulas.

Schopenhauer o simplificador.

Não autorizamos mais a ficção conceptual. Somente na obra de arte.

Remédio contra a ciência? Onde?

A civilização como remédio. Para ser receptivo a isso é necessário ter conhecido a insuficiência da ciência. Trágica resignação. Deus sabe o que nos está reservado em matéria de civilização! Ela começa pela cauda!

II
O FILÓSOFO COMO MÉDICO DA CIVILIZAÇÃO
(Primavera de 1873)

166

Plano.

O que é um filósofo?

Que relação existe entre um filósofo e a civilização?

E especialmente entre este e a civilização trágica?

Preparação.

Quando é que as obras desaparecem?

As fontes. a) para a vida, b) para os dogmas.

A cronologia. Verificada pelos sistemas.

Parte principal.

Os filósofos com parágrafos e digressões.

Conclusão.

A posição da filosofia com relação à civilização.

167

O que é o filósofo?

1. *Para além das ciências*: desmaterializar.
2. *Aquém das religiões*: desmistificar os deuses e os encantamentos.
3. Tipos: o culto do intelecto.
4. Transposições antropomórficas.

Que tarefa cabe neste momento à filosofia?

1. Impossibilidade da metafísica.
2. Possibilidade da coisa em si. Para além das ciências.
3. A ciência como salvaguarda diante do milagre.
4. A filosofia contra o dogmatismo das ciências.
5. Mas somente a serviço de uma civilização.
6. A maneira de simplificar de Schopenhauer[27].
7. Sua metafísica popular e artisticamente possível. Os resultados esperados da filosofia são opostos.
8. Contra a cultura geral.

168

A filosofia não tem nada de geral: ela é ora ciência, ora arte.

Empédocles[28] e Anaxágoras[29]: o primeiro quer a magia, o segundo as luzes da razão; o primeiro é contra a secularização, o segundo a favor.

Os pitagóricos[30] e Demócrito[31]: a ciência rigorosa da natureza.

Sócrates[32] e o ceticismo hoje necessário.

Heráclito[33]: ideal apolíneo, tudo é aparência e jogo.

---

(27) Arthur Schopenhauer (1788-1860), filósofo alemão (NT).

(28) Empédocles (séc. V a.C.), médico, legislador e filósofo grego; construiu uma teoria em que a combinação dos quatro elementos dá origem a todas as coisas, mas os dois princípios antagônicos, o amor ou atração e o ódio ou repulsa, são os agentes que promovem a união ou a desunião dos quatro elementos (NT).

(29) Anaxágoras (500-429 a.C.), filósofo grego; defende a teoria de que a natureza se constitui por um número infinito de elementos semelhantes, em cuja composição reside a origem de todas as coisas; tudo está em tudo e nada nasce do nada (NT).

(30) Discípulos de Pitágoras (séc. VI a.C.), filósofo e matemático grego, célebre por seus teoremas e cálculos das proporções; afirmava que todas as coisas são números; entre os muitos discípulos deste filósofo se destacam Filolau e Arquitas que transmitiram as teses e a doutrina de seu mestre (NT).

(31) Demócrito (460-370 a.C.), filósofo grego; sua filosofia é materialista e atomista; segundo ele, a natureza é composta de vazio e de átomos; "nada nasce do nada" e, por conseguinte, tudo se encadeia; os corpos nascem de combinações de átomos e desaparecem pela separação deles (NT).

(32) Sócrates (470-399 a.C.), filósofo grego, considerado um dos grandes iniciadores do pensamento filosófico do oriente próximo e do ocidente (NT).

(33) Heráclito de Éfeso (550-480 a.C.), filósofo grego; defendia a tese de que o universo é uma eterna transformação, na qual os contrários se equilibram e, em sua harmonia, esses opostos regem os planos cósmico e humano (NT).

Parmênides[34]: caminho para a dialética e *órganon* científico.

O único que está em paz é Heráclito.

Tales[35] quer chegar à ciência, assim como Anaxágoras, Demócrito, o *órganon* de Parmênides, Sócrates.

Anaximandro[36] voltou a se afastar disso, assim como Empédocles e Pitágoras.

169

1. A *imperfeição* essencial das coisas:

consequências de uma religião, isto é, quer otimistas, quer pessimistas;

consequências da civilização;

consequências das ciências.

2. A existência de preservativos que combatem certo tempo. É a que pertence a *filosofia* em si absolutamente não atual. Pintada e recheada segundo o gosto do tempo.

3. A filosofia grega arcaica, contra o mito e pela ciência, parcialmente contra a secularização.

Na época trágica: favoráveis, Pitágoras, Empédocles, Anaxágoras; hostil de uma forma apolínea, Heráclito; dessociando-se de toda arte, Parmênides.

170

I. *Introdução.*

Qual é o poder de um filósofo no tocante à civilização de seu povo?

---

(34) Parmênides de Eleia (515-440 a.C.), filósofo grego, fundador da metafísica com sua distinção entre o ser e o não ser (NT).

(35) Tales de Mileto (séc. VII-VI a.C.), matemático, astrônomo e filósofo grego; celebrizou-se por seus teoremas, por suas observações astronômicas e confecção de um calendário, por suas indicações meteorológicas e por sua cosmologia – segundo ele, "tudo é água", estabelecendo a água como o princípio e a origem do universo (NT).

(36) Anaximandro (610-574 a.C.), filósofo e astrônomo grego; afirmava que a terra tem forma de um disco e que a essência do universo era um conjunto indeterminado contendo em si os contrários; todo nascimento era separação e toda morte era reunião desses contrários (NT).

Ele parece

a) um solitário indiferente;

b) o senhor das cem cabeças mais espirituais e mais abstratas;

c) ou então o odioso destruidor da civilização nacional;

Em b) o efeito é somente indireto, mas está presente como em c).

Em a) pode acontecer, por falta de acordo dos meios com os fins na natureza, tornar-se solitário. Sua obra, no entanto, permanece para os tempos que vão sobrevir. Pergunta-se, contudo, precisamente se ele teria sido necessário a seu tempo.

Terá uma relação *necessária* com o povo? Haverá uma teleologia do filósofo?

Na resposta deve-se saber o que se designa por "seu tempo": pode ser um tempo mínimo ou muito longo.

Tese essencial: ele não pode *criar uma civilização*,

mas prepará-la, suprimir os   sempre
entraves ou moderá-la e assim   apenas
conservá-la ou destruí-la   negando.

Jamais um filósofo, em seus aspectos positivos, arrastou o povo atrás dele. De fato, ele vive no culto do intelecto.

A respeito de todos os aspectos positivos de uma civilização, de uma religião, sua atitude é *dissolvente* e *destruidora* (mesmo se procura *fundar*).

É o mais útil quando *há muito para destruir* em épocas de caos e de degeneração.

Toda civilização florescente tende a tornar *inútil* o filósofo (ou então a isolá-lo completamente). Pode-se explicar de duas formas o isolamento ou a frustração:

a) pela falta de conveniência entre os meios e os fins na natureza (quando ele seria necessário);

b) pela previdência teleológica da natureza (quando ele não é útil).

II. Seus efeitos destrutivos e incisivos – em quê?

III. Agora que não há civilização, deve preparar (destruir) o quê?

IV. Os ataques contra a filosofia.

V. Os filósofos frustrados.

Os dois são a consequência da falta de conveniência entre os meios e os fins na natureza, que arruína inumeráveis germes: mas ela consegue, no entanto, alguns grandes: Kant e Schopenhauer.

VI. Kant[37] e Schopenhauer. O progresso para uma civilização mais livre de um a outro.

Teleologia de Schopenhauer no tocante a uma civilização a vir.

Sua dupla filosofia positiva (falta o núcleo central vivo) – um conflito somente para aqueles que não têm mais esperança. Como a civilização vindoura vai superar esse conflito.

171

Valor da filosofia:

Purificação de todas as representações confusas e supersticiosas. Contra o dogmatismo das ciências.

Na medida em que é ciência, ela é purificadora e esclarecedora; na medida em que é anticientífica, é obscurantista à maneira religiosa.

Supressão da psicologia e da teologia racionais.

Prova do antropomórfico absoluto.

Contra a acepção rígida dos conceitos éticos.

Contra o ódio do corpo.

Desvantagens da filosofia:

Dissolução dos instintos,

das civilizações,

dos costumes.

Atividade específica da filosofia para os tempos presentes.

Falta da ética popular.

Falta do sentimento da importância do conhecimento e da escolha.

---

(37) Immanuel Kant (1724-1804), filósofo alemão; dentre suas obras, *A religião nos limites da simples razão* e *Crítica da razão prática* já foram publicadas nesta coleção da Editora Lafonte (NT).

Caráter superficial da consideração da Igreja, do Estado e da sociedade.

A raiva pela história.

A eloquência da arte e a ausência de civilização.

172

Tudo o que *tem uma importância geral* numa ciência se tornou *fortuito* ou *falta totalmente*.

O estudo da língua sem a estilística nem a retórica.

Os estudos indianos sem a filosofia.

A antiguidade clássica sem estudar sua relação com as aplicações práticas.

A ciência da natureza sem essa ação salutar e essa paz que Goethe[38] nela encontrou.

A história sem o entusiasmo.

Em resumo, todas as ciências sem sua aplicação prática: logo, conduzidas de outra maneira daquela dos verdadeiros homens de civilização. A ciência concebia como um ganha-pão!

Vocês praticam a *filosofia* com jovens sem experiência: seus anciãos se voltam para a história. Vocês não têm de modo algum filosofia popular, mas em compensação têm conferências populares vergonhosamente uniformes. Temas de composição propostos pelas universidades aos estudantes, sobre Schopenhauer! Discursos populares sobre Schopenhauer! Isso é falta de toda dignidade!

Como a ciência pôde se tornar o que é agora só pode se explicar pelo desenvolvimento da religião.

173

Se são anormais, não têm então nada a ver com o povo? Não é assim: o povo *tem necessidade* das anomalias, *embora não existam por causa dele*.

(38) Johann Wolfgang von Goethe (1749-1832), literato, político e erudito alemão (NT).

A obra de arte é prova disso: é o criador que a compreende e, apesar disso, está voltada para o público de perfil.

Queremos conhecer esse aspecto do filósofo em que ele se volta para o povo e não discutir sua natureza curiosa (portanto, o fim próprio, a pergunta por quê?). Esse aspecto é agora, do ponto de vista de nosso tempo, difícil de conhecer: porque não possuímos semelhante unidade popular da civilização. Por essa razão, os gregos.

174

Filosofia *não para o povo, portanto, não a base de uma civilização*, mas somente o instrumento de uma civilização.

a) Contra o dogmatismo das ciências;

b) contra a desordem figurativa das religiões míticas no seio da natureza;

c) contra a desordem ética ocasionada pelas religiões.

Sua essência é conforme a esse fim que é o seu.

a) 1. convencida da existência do elemento antropomórfico; é cética;

2. tem a escolha e a grandeza;

3. sobrevoando a representação da unidade;

b) é uma sadia interpretação e uma apreensão simples da natureza; é uma prova;

c) destrói a crença na inviolabilidade dessas leis.

Sua angústia sem a civilização, ilustrada no tempo presente.

175

O filósofo como médico da civilização.

Para a introdução do conjunto: descrição do século VII: preparação da civilização, oposição dos instintos; a contribuição oriental. Centralização da cultura a partir de Homero.

Falo dos pré-platônicos, pois, com Platão[39] começa a hostilidade aberta contra a civilização, a negação. Mas quero saber como se comporta em relação a uma civilização presente ou vindoura a filosofia que não é uma inimiga: o filósofo é aqui o envenenador da civilização.

Filosofia e povo. – Nenhum dos grandes filósofos gregos arrasta o povo atrás dele: isso foi sobretudo pesquisado por Empédocles (a seguir, por Pitágoras), contudo, não com a filosofia pura, mas com um veículo místico desta. Outros afastam o povo *a priori* (Heráclito). Outros têm como público um círculo muito distinto de espíritos cultos (Anaxágoras). Aquele que possui ao máximo a tendência democrática e pedagógica é Sócrates: o resultado disso é a fundação de seitas, portanto, uma prova do contrário. O que esses filósofos não conseguiram, como conseguiriam outros menos grandes? Não é possível fundar uma civilização popular baseada na filosofia. Assim, com relação a uma civilização, a filosofia nunca pode ter uma significação fundamental, mas sempre apenas uma significação acessória. Qual é esta última?

Domínio do mítico: fortalecimento do sentido da verdade contra a ficção livre, *vis veritatis* (força da verdade) ou fortalecimento do conhecimento puro (Tales, Demócrito, Parmênides).

Domínio do instinto do saber: ou fortalecimento do místico-mítico, de tudo o que é arte (Heráclito, Empédocles, Anaximandro). Legislação da *grandeza*!

Destruição do dogmatismo rígido:

a) na religião;

b) nos costumes;

c) na ciência.

Corrente *cética*.

Toda força (religião, mitos, instinto do saber) tem, quando é

(39) Platão (427-347 a.C.), filósofo grego, discípulo de Sócrates; dentre suas obras, *A república* já foi publicada nesta coleção da Editora Lafonte (NT).

excessiva, enquanto dominação rígida (Sócrates[40]), efeitos barbarizantes, imorais e embrutecedores.

Destruição da cega secularização (equivalente da religião) (Anaxágoras, Péricles[41]).

Corrente *mística*.

Resultado: ela não pode criar nenhuma civilização;

mas prepará-la;

ou conservá-la;

ou moderá-la.

Para nós: O filósofo é, por conseguinte, a Corte suprema da escola. Preparação do gênio: pois, não temos civilização. Do diagnóstico do tempo resulta para a escola a missão seguinte:

1. Destruição da secularização (penúria da filosofia popular);
2. Domínio dos efeitos barbarizantes do instinto do saber (abstendo-se das sutilezas filosóficas).

Contra a história "icônica".

Contra os eruditos "proletários".

A civilização não pode jamais provir senão da significação unificante de uma arte ou de uma obra de arte. A filosofia preparará involuntariamente a contemplação do universo própria a esta.

---

(40) Sócrates (470-399 a.C.), considerado um dos maiores filósofos gregos; não deixou obras escritas, mas seu pensamento foi transmitido por seus discípulos, particularmente por Platão (NT).

(41) Péricles (495-429 a.C.), estadista grego, chefe dos democratas, governante de Atenas, grande incentivador da cultura e da arte (NT).

III
Introdução teorética sobre a verdade e a mentira no sentido extramoral
(verão de 1873) *(exposição contínua)*

1

Num recanto qualquer afastado do universo, espalhado no brilho de inumeráveis sistemas solares, houve uma vez um astro no qual animais inteligentes inventaram o conhecimento. Foi o minuto mais arrogante e mais mentiroso da "história universal": mas foi apenas um minuto. Apenas alguns suspiros da natureza e o astro se congelou, os animais inteligentes tiveram de morrer. – Esta é a fábula que alguém poderia inventar, sem conseguir, contudo, ilustrar que lamentável exceção, quão vaga e fugitiva, quão vã e fortuita, o intelecto humano constitui no seio da natureza.

Houve eternidades em que ele não existiu; e se o mesmo acontecesse agora, nada se passaria. De fato, não há para esse intelecto uma missão mais vasta que ultrapassasse a vida humana. É apenas humano e só tem seu possuidor e produtor para tomá-lo tão pateticamente como se os eixos do mundo se movessem em torno dele.

Mas se pudéssemos nos entender com a mosca, conviríamos que também ela gira no ar com o mesmo *pathos* e nela sente voar o centro deste mundo. Não existe nada de tão mau nem de tão insignificante na natureza que, por um pequeno sopro dessa força do conhecer, não fique logo inchado como um odre; e da mesma maneira que todo o mensageiro quer ter seu admirador, assim também o homem mais orgulhoso, o filósofo, julga ter de todos os lados os olhos do universo apontados com um telescópio sobre sua ação e sobre seu pensamento.

É notável que seja o intelecto que produz esse estado de fato, uma vez que não foi justamente dado em auxílio aos seres mais desafortunados, mais delicados e mais efêmeros senão para mantê-los por um minuto em sua existência; é o intelecto, esse excesso, sem o qual teriam todas as probabilidades de se salvar tão depressa como o filho de Lessing(42). Esse orgulho ligado ao conhecer e ao sentir, venda nebulosa atada aos olhos e aos sentidos dos homens, ilude-os quanto ao valor da existência, emitindo ele próprio sobre o conhecer a mais lisonjeira apreciação. Seu efeito mais geral é a ilusão, mas também os efeitos mais particulares trazem em si alguma coisa do mesmo caráter.

Enquanto é meio de conservação para o indivíduo, o intelecto desenvolve suas forças principais na dissimulação; essa é, com efeito, o meio pelo qual os indivíduos mais fracos, menos robustos, subsistem como aqueles a quem é recusado encetar uma luta pela existência com chifres ou com a mandíbula aguçada de um predador. No homem, essa arte da dissimulação atinge seu auge: a ilusão, a lisonja, a mentira e o engano, as intrigas, os ares de importância, o falso brilho, o uso da máscara, o véu da convenção, a comédia para os outros e para si próprio, em resumo, o circo perpétuo da lisonja por uma chamazinha de vaidade, essas são de tal forma a regra e a lei que quase nada é mais inconcebível que o evento de um honesto e puro instinto de verdade entre os homens. Estão profundamente mergulhados nas ilusões e nos sonhos, seus olhos só deslizam pelas superfícies das coisas, vendo nelas "formas", sua sensação não conduz em parte alguma à verdade, mas se contenta somente em receber excitações e tocar como sobre um teclado nas costas das coisas.

Além disso, durante uma vida, o homem se deixa à noite enganar no sonho sem que seu sentido moral procure alguma vez impedi-lo

(42) Gotthold Ephraim Lessing (1729-1781), escritor, dramaturgo e crítico alemão, autor também de dramas de cunho filosófico (NT).

disso: quando deve haver homens que, pela força de vontade, suprimiram o ronco. Para dizer a verdade, que sabe o homem de si próprio? E poderia mesmo se perceber integralmente tal como é, como se estivesse exposto numa vitrina iluminada? A natureza não lhe haverá de esconder a maioria das coisas, mesmo sobre seu corpo, a fim de mantê-lo afastado das dobras de seus intestinos, da corrente rápida de seu sangue, das vibrações complexas de suas fibras, numa consciência orgulhosa e quimérica? Ela jogou fora a chave: infeliz da curiosidade fatal que gostaria de olhar através de uma fenda, bem longe e fora do quarto da consciência e poderia pressentir então que é no que é impiedoso, ávido, insaciável, assassino, que se baseia o homem na indiferença de sua ignorância, agarrado ao sonho como ao dorso de um tigre. De que lugar, pelos diabos, poderia vir nesta constelação o instinto da verdade!

À medida que, diante dos outros indivíduos, o indivíduo quer se conservar, na maioria das vezes é somente para a dissimulação que ele utiliza o intelecto numa situação natural das coisas: mas como o homem, ao mesmo tempo por necessidade e por tédio, quer existir social e gregariamente, tem necessidade de concluir a paz e procura, de acordo com isso, que pelo menos desapareça de seu mundo o mais grosseiro *bellum omnium contra omnes* (guerra de todos contra todos). Esta conclusão de paz traz com ela algo que se assemelha ao primeiro passo em vista da obtenção desse enigmático instinto de verdade. Quer dizer que está agora fixado o que doravante deve ser "verdade", o que quer dizer que se encontrou uma designação das coisas uniformemente válida e obrigatória e a legislação da linguagem fornece até mesmo as primeiras leis da verdade: de fato, aqui nasce pela primeira vez o contraste entre a verdade e a mentira.

O mentiroso faz uso das designações válidas, as palavras, para fazer com que o irreal apareça como real: diz, por exemplo, "sou rico", quando, para seu estado, "pobre" seria a designação correta. Mede convenções firmes por meio de substituições voluntárias ou inversões de nomes. Se fizer isso de forma interessada e sobretudo prejudicial, a sociedade não lhe dará mais confiança e desde então vai excluí-lo. Os homens não fogem tanto do fato de serem enganados quanto o fato de levarem prejuízo em virtude do logro: no fundo, a esse nível, não odeiam portanto a ilusão, mas as consequências desagradáveis e hostis de certas espécies de ilusão. É apenas num sentido tão restrito como este que o homem quer a verdade: ele ambiciona as consequências agradáveis da verdade, aquelas que conservam a vida; para com o conhecimento puro e sem consequência é indiferente, para com as verdades prejudiciais e destrutivas ele está até mesmo hostilmente disposto. E além disso: o que são essas convenções da linguagem? São talvez testemunhos do conhecimento, do sentido da verdade? As designações e as coisas coincidem? A linguagem é a expressão adequada de todas as realidades?

É somente graças à sua capacidade de esquecimento que o homem pode chegar a crer que possui uma "verdade" no grau que acabamos de indicar. Se não quiser se contentar com a verdade na forma de tautologia, isto é, contentar-se com invólucros vazios, vai trocar eternamente ilusões por verdades. O que é uma palavra? A representação sonora de uma excitação nervosa nos fonemas. Mas concluir de uma excitação nervosa para uma causa exterior a nós, já é o resultado de uma aplicação falsa e injustificada do princípio de razão. Como teríamos o direito, se só a verdade tivesse sido determinante na gênese da linguagem e o ponto de vista da certeza nas designações, como teríamos, pois, o direito de dizer: a pedra é dura: como se "dura" nos fosse conhecido de outra forma e não só uma excitação totalmente subjetiva. Classificamos as coisas segundo gêneros, designamos o pinheiro como masculino, a planta como feminino: que transposições arbitrárias! Como nos afastamos por um voo rápido do cânon da certeza! Falamos de uma "serpente": a designação atinge somente o movimento de torção e poderia convir também ao verme. Que delimitações arbitrárias! Que preferências parciais, ora por essa propriedade de uma coisa, ora por outra!

Comparadas entre si, as diferentes línguas mostram que

pelas palavras nunca se chega à verdade, nem a uma expressão adequada: se assim não fosse, não existiriam tão numerosas línguas. A "coisa em si" (que seria precisamente a pura verdade sem consequência), mesmo para aquele que forma a língua, é completamente inatingível e não vale os esforços que ela exigiria. Só designa as relações das coisas aos homens e para sua expressão se apoia em metáforas mais ousadas. Transpor primeiramente uma excitação nervosa para uma imagem! Primeira metáfora. A imagem de novo transformada num som articulado! Segunda metáfora! E cada vez um salto completo de uma esfera para uma esfera totalmente diferente e nova.

Pode-se imaginar um homem que seja totalmente surdo e que nunca tenha tido uma sensação sonora nem musical: assim como se espanta com as figuras acústicas de Chladni[(43)] na areia, encontra sua causa nos estremecimentos das cordas e jurará em seguida a respeito que deve saber agora o que os homens chamam "som", assim também acontece com todos nós com relação à linguagem. Acreditamos saber alguma coisa das próprias coisas quando falamos de árvores, de cores, de neve e de flores e, no entanto, não possuímos nada além de metáforas das coisas, que não correspondem em absoluto às entidades originais. Como o som enquanto figura na areia, o X enigmático da coisa em si é tomada uma vez como excitação nervosa, depois como imagem, enfim como som articulado. Em todo caso, não é de modo lógico que o nascimento da linguagem procede e todo o material no interior do qual e com o qual o homem da verdade, o cientista, o filósofo, trabalha e assim constrói, se não cai das nuvens, tampouco provém, em todo caso, da essência das coisas.

Pensemos ainda, em particular, na formação dos conceitos. Toda palavra torna-se imediatamente conceito pelo fato de que não deve servir justamente para a experiência original, única, absolutamente individualizada, à qual deve seu nascimento, isto é, como lembrança, mas deve servir ao mesmo tempo para inumeráveis experiências, mais

---

(43) Gotthold Ephraim Lessing (1729-1781), escritor, dramaturgo e crítico alemão, autor também de dramas de cunho filosófico (NT).

ou menos análogas, ou seja, rigorosamente falando, jamais idênticas e não deve, portanto, convir senão a casos diferentes. Todo conceito nasce da identificação do não idêntico. Tão exatamente como uma folha nunca é totalmente idêntica a outra, assim também certamente o conceito folha foi formado graças ao abandono deliberado dessas diferenças individuais, graças a um esquecimento das características e desperta então a representação, como se houvesse na natureza, fora das folhas, alguma coisa que fosse "a folha", uma espécie de forma original segundo a qual todas as folhas fossem tecidas, desenhadas, rodeadas, coloridas, onduladas, pintadas, mas por mãos inábeis, ao ponto que nenhum exemplar tivesse sido correta e exatamente executado como a cópia fiel da forma original.

Denominamos um homem "honesto"; por que agiu hoje tão honestamente? – perguntamos. Temos o costume de responder: por causa de sua honestidade. A honestidade! Isso significa de novo: a folha é a causa das folhas. Não sabemos absolutamente nada de uma qualidade essencial que se chamasse "honestidade", mas conhecemos bem ações numerosas, individualizadas e, por conseguinte, diferentes, que classificamos como idênticas graças ao abando do diferente e designamos agora como ações honestas; em último lugar, formulamos a partir delas uma *qualitas occulta* (qualidade oculta) com o nome: "honestidade". A omissão do individual e do real nos dá o conceito como nos dá também a forma, onde, pelo contrário, a natureza não conhece formas nem conceitos, portanto, tampouco gêneros, mas somente um X, inacessível e indefinível para nós. De fato, nossa antítese do indivíduo e do gênero é também antropomórfica e não provém da essência das coisas, mesmo se não nos arriscamos a dizer que ela não lhe corresponde: o que seria uma afirmação dogmática e, enquanto tal, tão improvável como sua contrária.

O que é, portanto, a verdade? Uma multidão movente de metáforas, de metonímias, de antropomorfismos, em resumo, uma soma de relações humanas, figuras e relações que foram poética e retoricamente elevadas, transpostas, enfeitadas e que, depois de longo uso, parecem a um povo firmes, canônicas e constrangedoras: as verdades são ilusões que esquecemos que o são, metáforas que foram usadas e que perderam sua força sensível, moedas que perderam seu cunho e que a a partir de então entram em consideração, não mais como moeda, mas como metal.

Ainda não sabemos de onde vem o instinto de verdade: pois, até agora só ouvimos falar da obrigação que a sociedade impõe para existir: ser verídico, isto é, empregar as metáforas usuais; portanto, em temos de moral, ouvimos falar da obrigação de mentir segundo uma convenção firme, de mentir gregariamente num estilo constrangedor para todos. O homem seguramente esquece que as coisas se passam desse modo no que lhe diz respeito; mente, portanto, inconscientemente da maneira designada e segundo costumes centenários – e, precisamente graças a essa inconsciência e a esse esquecimento, chega ao sentimento da verdade. Desse sentimento de ser obrigado a designar uma coisa como "vermelha", outra como "fria", uma terceira como "muda", desperta-se uma tendência moral para a verdade: em contraste com o mentiroso em quem ninguém confia, que todos excluem, o homem demonstra a si mesmo o que a verdade tem de honroso, de confiante e de útil.

Agora ele coloca sua ação, como ser "*racional*", sob o domínio das abstrações; não tolera mais ser levado pelas impressões súbitas, pelas intuições; generaliza todas essas impressões em conceitos descoloridos e mais frios, a fim de ligar a esses a conduta de sua vida e de sua ação. Tudo o que distingue o homem do animal depende dessa capacidade de fazer volatilizar as metáforas intuitivas num esquema, portanto, dissolver uma imagem num conceito. No domínio desses esquemas é possível algo que nunca poderia ser conseguido por meio das primeiras impressões intuitivas: construir uma ordem piramidal segundo castas e graus, criar um mundo novo de leis, de privilégios, de subordinações, de delimitações, mundo que doravante se opõe ao outro mundo, aquele das primeiras impressões, como sendo o que há de mais firme, de mais geral, de mais conhecido, de mais humano e, em virtude disso, como o que é regulador e imperativo.

Enquanto cada metáfora da intuição é individual e sem similar e, em razão disso, sabe sempre fugir de toda denominação, o grande edifício dos conceitos mostra a regularidade rígida de um pombal romano e exala na lógica essa severidade e essa frieza que é própria da matemática. Quem estiver impregnado dessa frieza dificilmente acreditará que o conceito, posto a nu e octogonal como um dado e, como este, amovível, não é outra coisa senão o *resíduo de uma metáfora*, e que a ilusão da transposição artística de uma excitação nervosa em imagens, se não é a mãe, é, contudo, a avó de todo conceito. Nesse jogo de dados dos conceitos, chamamos "verdade" o fato de utilizar cada dado segundo sua designação, o fato de contar com precisão seus pontos, o fato de formar rubricas corretas e de nunca pecar contra a ordem das castas e a série das classes.

Como os romanos e os etruscos dividiam o céu por meio de rígidas linhas matemáticas e, num espaço delimitado como se fosse um *templo*, conjuravam um deus, assim também cada povo tem acima dele semelhante céu de conceitos matematicamente repartidos e, sob a exigência da verdade, julga doravante que todo deus conceitual não deve ser procurado em parte alguma a não ser em *sua* esfera. É necessário aqui admirar o homem pelo fato de ser um poderoso gênio da arquitetura que consegue erigir, sobre fundamentos instáveis e de certa forma sobre a água corrente, uma cúpula conceitual infinitamente complicada: – na verdade, para encontrar um ponto de apoio sobre esses fundamentos, é necessário que seja uma construção como feita de teia de aranha, suficientemente fina para ser transportada com as ondas, suficientemente sólida para não ser dispersada ao sopro do menor vento. Em virtude de ser um gênio da arquitetura, o homem se eleva muito acima da abelha: esta constrói com a cera que recolhe na natureza, ele com a matéria bem mais frágil dos conceitos que só deve fabricar a partir dele próprio. É necessário admirá-lo bastante nisso – mas não por causa de seu instinto de verdade, nem pelo puro conhecimento das coisas.

Se alguém esconde uma coisa atrás de uma moita, procura-a nesse preciso local e a encontra; nada há de louvável nessa busca e nessa descoberta: acontece o mesmo, no entanto, em relação à procura e à descoberta da "verdade" no domínio da razão. Quando dou a definição do mamífero e declaro, depois de ter observado um camelo, "eis um mamífero", uma verdade foi certamente posta à luz, mas é, contudo, de valor limitado, quero dizer que é inteiramente antropomórfica e que não contém um único ponto que seja "verdadeiro em si", real e válido universalmente, abstração feita do homem. Aquele que procura essas verdades, só procura, no fundo, a metamorfose do mundo nos homens, aspira a uma compreensão do mundo enquanto coisa humana e obtém, na melhor das hipóteses, o sentimento de uma assimilação. Como o astrólogo que observava as estrelas a serviço dos homens e em conexão com sua felicidade ou infelicidade, semelhante pesquisador considera o mundo inteiro como ligado aos homens, como o eco infinitamente degradado de um som original, aquele do homem, como a cópia multiplicada de uma imagem original, aquela do homem. Seu método consiste em tomar o homem como medida de todas as coisas: mas em virtude disso parte do erro de acreditar que teria essas coisas imediatamente diante dele, como puros objetos. Esquece, pois, as metáforas originais da intuição como metáforas e as toma pelas próprias coisas.

Não é senão pelo esquecimento desse mundo primitivo de metáforas, não é senão pelo endurecimento e pelo retesamento do que na origem era uma massa de imagens surgindo, numa onda ardente, da capacidade original da imaginação humana, não é senão pela crença invencível de que *este* sol, *esta* janela, *esta* mesa, é uma verdade em si, em resumo, não é senão pelo fato de que o homem se esquece como sujeito e como *sujeito da criação artística*, que vive com algum repouso, alguma segurança e alguma coerência: se pudesse sair um só instante dos muros da prisão dessa crença, estaria imediatamente acabada sua "consciência de si". Já lhe custa bastante reconhecer que o inseto e o pássaro percebem um mundo completamente diferente daquele do homem e que a questão de saber qual das duas percepções do mundo é mais justa, é uma questão totalmente absurda, uma vez que para responder a isso dever-se-ia já medir com a medida da *percepção justa*, isto é, com uma medida não existente. Mas me parece sobretudo que a "percepção justa" – isto significaria: a expressão adequada de um objeto no sujeito – um absurdo contraditório: de fato, entre duas esferas absolutamente diferentes, como o sujeito e o objeto, não há causalidade, nem exatidão, nem expressão, mas quando muito uma relação *estética*, quero dizer, uma transposição insinuante, uma tradução balbuciante numa língua totalmente estranha: para o que, em todo caso, seriam necessárias uma esfera e uma força intermediárias compondo livremente e imaginando livremente.

A palavra "fenômeno" contém numerosas seduções, é por isso que a evito o mais possível: de fato, não é verdade que a essência das coisas apareça no mundo empírico. Um pintor ao qual faltassem as mãos e que quisesse exprimir cantando a imagem que tem diante dos olhos, revelaria sempre mais por essa troca de esferas que o mundo empírico não revela a essência das coisas. Mesmo a relação entre a excitação nervosa e a imagem produzida não é em si nada de necessário: mas quando a mesma imagem é reproduzida um milhão de vezes, que foi herdada por numerosas gerações de homens e que enfim aparece no gênero humano sempre na mesma ocasião, ela adquire finalmente para o homem a mesma significação que teria se fosse a única imagem necessária e como se essa relação entre a excitação nervosa original e a imagem produzida fosse uma estreita relação de causalidade; da mesma forma um sonho eternamente repetido seria sentido e julgado absolutamente como a realidade. Mas a solidificação e a distensão de uma metáfora não garantem absolutamente nada no que diz respeito à necessidade e à autorização exclusiva dessa metáfora.

Todo homem, a quem semelhantes considerações são familiares, certamente sentiu uma profunda desconfiança em relação a todo idealismo desse tipo cada vez que teve a ocasião de se convencer claramente da eterna consequência, da onipresença e da infalibilidade das leis da natureza; e tirou a conclusão: aqui, tanto quanto possamos penetrar, nas alturas do mundo telescópico e na profundidade do mundo microscópico, tudo é tão certo, realizado, infinito, conforme às leis e sem lacuna; a ciência terá de escavar eternamente com sucesso nesse poço e tudo o que for encontrado concordará e nada se contradirá. Como isso se parece pouco com um produto da imaginação: de fato, se o fosse, isso deveria deixar adivinhar em algum lugar a aparência e a irrealidade. Contra isso deve-se dizer: se tivéssemos, cada um por si, uma sensação de natureza diferente, nós próprios poderíamos perceber ora como pássaro, ora como verme, ora como planta, ou então se um de nós visse a mesma excitação como vermelha, outro como azul, se um terceiro a ouvisse até mesmo como som, ninguém falaria então de semelhante legalidade da natureza, mas a conceberia somente como uma criação altamente subjetiva. E depois: o que é para nós, em geral, uma lei natural? Não a conhecemos em si, mas só em seus efeitos, isto é, em suas relações com outras leis da natureza que, por sua vez, só são conhecidas por nós como somas de relações. Logo, todas essas relações nada mais fazem que reenviar sempre e novamente uma para outra e, no que se refere à sua essência, são para nós completamente incompreensíveis; só os elementos que comportamos, o tempo, o espaço, isto é, relações de sucessão e de números, nos são realmente conhecidos.

Mas tudo o que é maravilhoso e que olhamos justamente com espanto nas leis da natureza, o que comanda nossa explicação e poderia conduzir-nos à desconfiança para com o idealismo, só se encontra precisamente no rigor único da matemática, na inviolabilidade única das representações do espaço e do tempo. Ora, nós produzimos estas em nós e fora de nós com essa necessidade segundo a qual a aranha tece sua teia; se somos obrigados a conceber todas as coisas somente sob essas formas, não é de espantar que só captemos exatamente essas formas: pois, todas elas devem conter as leis do número e o número é precisamente o que há de mais espantoso nas coisas. Toda a legalidade que nos é imposta tanto no curso dos astros como no processo químico coincide no fundo com essas propriedades que nós próprios concedemos às coisas, de forma que, por esse fato, nós próprios nos impomos a elas. Disso decorre, sem dúvida alguma, que essa formação artística de metáforas, pela qual começa em nós toda sensação, pressupõe já essas formas e está assim realizada nelas; é somente a partir da firme perseverança dessas formas originais que pode ser explicada a possibilidade segundo a qual pode em seguida ser constituída uma construção de conceitos a partir das próprias metáforas. Essa construção é uma imitação das relações do tempo, do espaço e do número no terreno das metáforas.

2

Na construção dos conceitos trabalha originariamente, como vimos, a linguagem e mais tarde a ciência. Como a abelha trabalha ao mesmo tempo em construir os favos e enchê-los de mel, assim também a ciência trabalha sem cessar nesse grande columbário de conceitos, no sepulcro das intuições e constrói sempre novos e mais altos andares, dá forma, limpa, renova os favos velhos e se esforça particularmente por encher esse enxaimel elevado até o monstruoso e ali ordenar todo o mundo empírico, isto é, o mundo antropomórfico. Quando o homem de ação já liga sua vida à razão e aos conceitos para não ser levado pela corrente e para não se perder a si mesmo, o sábio constrói sua cabana bem perto da torre da ciência para poder ajudá-la e para encontrar proteção para si próprio sob o baluarte existente. E necessita dessa proteção, porque há forças temíveis que exercem continuamente pressão sobre ele e que se opõem à "verdade" científica, "verdades" de uma espécie totalmente diferente dos tipos mais disparatados.

Esse instinto que leva a formar metáforas, esse instinto fundamental do homem de que não se pode fazer abstração nem por um instante, pois se faria então abstração do próprio homem, esse instinto, pelo fato de, a partir de suas produções volatilizadas, os conceitos, se construir para ele um mundo novo, regular e rígido como uma fortaleza, nem por isso fica verdadeiramente submetido, mas apenas domado. Procura um novo domínio para sua atividade e, outra, leito de escoamento, e os encontra no *mito* e especialmente na *arte*. Confunde continuamente as rubricas e as células dos conceitos, instaurando novas transposições, metáforas, metonímias; mostra continuamente seu desejo de dar a este mundo do homem despertado tão confusamente irregular, tão incoerente, uma forma cheia de encanto e eternamente nova como se fosse um mundo de sonho. Em si, o homem desperto só tem consciência disso por meio da trama rígida e regular dos conceitos; é por isso que chega justamente a acreditar que está sonhando quando o tecido de conceitos é rasgado pela arte. Pascal[44] tem razão ao afirmar que, se todas as noites sonhássemos o mesmo sonho, ficaríamos tão preocupados com as coisas que vemos todos os dias: "se um artesão estivesse seguro de sonhar todas as noites, durante doze horas, que era rei, creio", diz Pascal, "que seria quase tão feliz como um rei que sonhasse todas as noites, durante doze horas, que era artesão".

O dia de vigília de um povo estimulado pelo mito, por exemplo o dos gregos antigos, é de fato, pelo prodígio agindo continuamente como o admite o mito, mais análogo ao sonho que ao dia do pensador desencantado pela ciência. Quando toda árvore puder falar como uma ninfa ou quando, sob a máscara de um touro, um deus puder raptar virgens, quando a própria deusa Atenas se mostrar de repente, enquanto conduz pelos mercados de Atenas uma bela parelha, em companhia de Pisístrato[45] – era no que acreditava o

(44) Blaise Pascal (1623-1662), matemático, físico, filósofo e escritor francês; dentre suas obras, *Do espírito geométrico* e uma pequena coletânea de seus *Pensamentos* já foram publicadas nesta coleção da Editora Lafonte (NT).

(45) Pisístrato (600-527 a.C.), tirano da cidade-estado de Atenas, introduziu reformas radicais no Estado, impulsionando o progresso e conquistando grande influência sobre os Estados vizinhos (NT).

honesto ateniense – então, a todo momento, como no sonho, tudo é possível, e a natureza inteira provoca o homem como se fosse a máscara dos deuses que se entretivessem num jogo de mistificar os homens sob todas as formas.

Mas o próprio homem tem uma tendência invencível para se deixar enganar, e fica como que ébrio de felicidade quando o rapsodo lhe narra, como se fossem verdadeiros, contos épicos ou quando o ator desempenha em cena o papel de rei de uma forma mais real do que acontece na realidade. O intelecto, esse mestre da dissimulação, é livre e libertado de seu trabalho de escravo tanto tempo quanto possa enganar sem prejuízo e celebra então suas saturnais. Nunca está mais exuberante, mais rico, mais orgulhoso, mais ágil ou mais temerário: com um prazer criador, lança as metáforas em confusão e desloca os limites das abstrações, de tal forma que, por exemplo, designa a corrente como o caminho movediço que leva o homem para onde vai habitualmente. Atirou para bem longe o sinal da servidão: normalmente ocupado com a morna atividade de mostrar o caminho e os instrumentos a um pobre indivíduo que aspira à existência e, como um servidor, buscando presas e despojos para seu dono, transformou-se agora em dono e pode permitir-se apagar do rosto a expressão da indigência. Tudo o que doravante faz, traz em si, por comparação com a ação passada, a dissimulação, como sua ação anterior trazia em si a distorção. Copia a vida humana, toma-a, contudo, por uma coisa boa e aparenta estar satisfeito com ela.

Essa armação e essas pranchas monstruosas dos conceitos aos quais o necessitado se agarra, durante toda a vida, para se salvar, nada mais é para o intelecto libertado que um andaime e um brinquedo para suas obras mais audaciosas: e quando o quebra, o faz em pedaços, o recompõe ironicamente, acoplando o que é mais diverso, separando o que é mais semelhante, manifestando assim que não tem necessidade desse expediente da indigência e que já não é conduzido por conceitos, mas por intuições. Dessas intuições, não há nenhum caminho regular que vá dar ao país dos esquemas fantomáticos, das abstrações: a palavra não é feita para elas, o homem se torna mudo quando as vê, ou então só fala por meio de metáforas proibidas e por meio de ajuntamentos conceituais inéditos para responder de maneira criadora, pelo menos por meio da destruição e da derisão das antigas barreiras conceituais, com a impressão da poderosa intuição do presente.

Há épocas em que o homem racional e o homem intuitivo se mantêm um ao lado do outro, um por medo da intuição, o outro por desdém da abstração; e o último é quase tão irracional como o primeiro é insensível à arte. Ambos desejam dominar a vida: este sabendo enfrentar as necessidades mais importantes pela previdência, pela prudência, pela regularidade; aquele, como herói "demasiado alegre", não se dando conta dessas necessidades e só tomando por real a vida disfarçada em aparência e beleza. Onde, talvez como na Grécia antiga, o homem intuitivo dirige suas armas com mais força e mais vitoriosamente que seu adversário, uma civilização pode se formar favoravelmente, a dominação da arte pode se fundar na vida: essa dissimulação, essa negação da indigência, essa explosão das intuições metafóricas e especialmente essa imediatez da ilusão acompanham todas as exteriorizações de semelhante vida. Nem a casa, nem o andar, nem a roupa, nem o cântaro de argila, nada trai o fato de serem atingidos pela necessidade: parece que neles se devia exprimir uma felicidade sublime, uma serenidade olímpica e, de certa maneira, um jogo com aquilo que é sério.

Enquanto o homem conduzido por conceitos e por abstrações só se defende contra a infelicidade, sem mesmo conseguir a felicidade a partir destas abstrações, enquanto aspira ser o mais rapidamente possível libertado dos sofrimentos, pelo contrário, colocado no coração de uma cultura, o homem intuitivo recolhe logo, a partir de suas intuições, ao lado da defesa contra o mal, uma iluminação de brilho contínuo, um desabrochar, uma redenção. É verdade que sofre mais violentamente *quando* sofre: sofre mesmo mais frequentemente porque não consegue tirar lições da experiência, recai sempre no sulco em que já caiu. É tão irrazoável na dor como na felicidade, grita alto e fica desconsolado. Perante a mesma desgraça, como é diferente o estoico, instruído pela experiência e dominando-se por meio de conceitos! Ele que, normalmente, só procura sinceridade, verdade, liberdade diante das ilusões e proteção contra as surpresas enganosas, ele põe agora na infelicidade a obra-prima da dissimulação, como o outro na felicidade; não possui um rosto humano móvel e animado, mas traz, de certo modo, uma máscara com traços dignamente proporcionados, não grita e não altera o tom da voz: quando uma tempestade se abate sobre ele, encolhe-se sob seu manto e se afasta com um passo lento sob o aguaceiro.

Disposição para as partes ulteriores

3

Descrição da confusão caótica numa idade mítica. O oriental. Inícios da filosofia como ordenadora dos cultos, dos mitos, organizadora da unidade da religião.

4

Inícios de uma atitude irônica para com a religião. Nova emergência da filosofia.

5 etc. Exposição

Conclusão: o Estado de Platão como *ultra-helênico*, como não impossível. A filosofia atinge aqui seu apogeu como fundadora constitucional de um Estado metafisicamente ordenado.

Esboços

176

"*Verdade*"

1. A verdade como dever incondicionado negando hostilmente o mundo.

2. Análise do sentido geral da verdade (inconsequência).

3. O *pathos* da verdade.

4. O impossível como corretivo do homem.

5. O fundamento do homem mentiroso porque otimista.

6. O mundo dos corpos.

7. Indivíduos.

8. Formas.

9. A arte. Hostilidade para com ela.

10. Sem não verdade nem sociedade nem civilização. O conflito trágico. Tudo o que é bom e tudo o que é belo dependem da ilusão: a verdade mata – e mais ainda, ela se mata a si mesma (na medida em que reconhece que seu fundamento é o erro).

177

O que é que corresponde à *ascese* no que se refere à verdade? – A veracidade como fundamento de todos os contratos e como pressuposição da subsistência da espécie humana é uma exigência eudemônica[46], à qual se opõe o conhecimento de que o bem supremo do homem está muito mais em *ilusões*: quando, segundo os princípios eudemônicos, a verdade *e a mentira* devessem ser utilizadas – e é o que acontece.

Conceito da *verdade proibida*, isto é, de uma verdade tal que

(46) O eudemonismo é uma teoria filosófica que, no tocante à moral, o objetivo principal é a felicidade do homem (NT).

encubra e *mascare* a mentira eudemônica. Antítese: a *mentira proibida*, intervindo, contudo, onde a verdade permitida tem seu domínio.

Símbolo da verdade proibida: *fiat veritas, pereat mundus* (faça-se a verdade, pereça o mundo).

Símbolo da mentira proibida: *fiat mendacium, pereat mundus* (faça-se a mentira, pereça o mundo).

O que primeiro chega à ruína por meio das verdades proibidas é o indivíduo que as enuncia. O que chega por último à ruína por meio das mentiras proibidas é o indivíduo. Este se sacrifica com o mundo, aquele sacrifica o mundo a si próprio e à própria existência.

Casuística: é permitido sacrificar a humanidade à verdade?

1. Não é possível! Se Deus o quisesse, a humanidade poderia morrer pela verdade.

2. Se isso fosse possível, seria uma boa morte e uma libertação da vida.

3. Ninguém pode, sem um pouco de *loucura*, acreditar tão firmemente possuir a verdade: o ceticismo não tardará a chegar.

À pergunta: é permitido sacrificar a humanidade a uma *loucura*?, deveríamos responder que não. Mas na prática isso acontece, porque o fato de acreditar na verdade é precisamente loucura.

A fé na verdade – ou a loucura. Supressão dos elementos *eudemônicos*:

1. enquanto minha *própria* fé;

2. enquanto *encontrada* por mim;

3. enquanto fonte de boas intenções nos outros, da fama, do fato de ser amado;

4. enquanto desejo imperioso de resistência.

Depois da supressão desses elementos, a enunciação da verdade será ainda possível como puro *dever*? Análise da *crença na verdade*: pois, toda posse da verdade é, no fundo, somente uma convicção de possuir a verdade. O *pathos*, o sentimento do dever, vem dessa fé e não da pretensa verdade. A fé supõe no indivíduo uma *capacidade de conhecimento* incondicionada, assim como a convicção de que jamais um ser conhecedor poderia ir mais longe; logo, a obrigação para toda a extensão dos seres conhecedores. A *relação* suprime o *pathos* da crença, a limitação ao humano, pela aceitação cética de que talvez todos nós estejamos no erro.

Mas como é que o *ceticismo* é possível? Aparece como o ponto de vista propriamente *ascético* do pensamento. De fato, não acredita na fé e assim destrói tudo o que é abençoado pela fé.

Mas até o ceticismo contém em si uma fé: a fé na lógica. O caso extremo é, portanto, um abandono da lógica, o *credo quia absurdum* (creio porque é absurdo), dúvida da razão e desmentido desta. Como isso se produz em consequência da ascese. Ninguém pode *viver* sem lógica, como não pode viver na ascese pura. Com isso se demonstra que a fé na lógica e sobretudo a fé na vida é necessária, que o domínio do pensamento é, portanto, eudemônico. Mas neste caso aparece a exigência da mentira: quando precisamente vida e ευδαιμονια (*eudaimonía* – eudemonismo) são argumentos. O ceticismo se volta contra as verdades proibidas. Falta então o fundamento para a pura verdade em si, seu instinto não passa de um instinto eudemônico mascarado.

Todo acontecimento da natureza é no fundo inexplicável para nós: podemos somente constatar, a cada vez, o cenário em que o drama propriamente dito se desenrola. Falamos então de causalidade, quando no fundo só vemos uma sucessão de acontecimentos. Que essa sucessão deva ser sempre produzida numa encenação determinada, é uma crença que muitas vezes se contradiz infinitamente.

A lógica não é mais do que a escravidão nos laços da linguagem. Esta possui nela, contudo, um elemento ilógico, a metáfora etc. A primeira força opera uma identificação do não-idêntico, ela é, portanto, um efeito da imaginação. É aí que repousa a existência dos conceitos, das formas etc.

"Leis da natureza". Simples relações de uma à outra e ao homem.

O homem como *medida das coisas*, medida que se tornou acabada e firme. Desde que a imaginemos fluida e vacilante, cessa o rigor das leis da natureza. As leis da sensação – como núcleo das leis da natureza, mecânica dos movimentos. A crença no mundo exterior e no passado, na ciência da natureza.

O que há de mais verdadeiro neste mundo: o amor, a religião e a arte. O primeiro, por meio de todas as dissimulações e de todos os disfarces, vê até no âmago o indivíduo que sofre e se compadece; e o último, como amor prático, consola a dor falando de outra dimensão do mundo e aprendendo a desprezá-lo. São as três potências *ilógicas* que se reconhecem como tais.

178

O acordo incondicional entre o lógico e o matemático não indica um cérebro, um órgão diretor que se destaca anormalmente – uma razão? uma alma? – É o perfeitamente *subjetivo* em virtude do qual somos *homens*. É a herança amalgamada da qual todos têm parte.

179

A ciência da natureza é a tomada de consciência de tudo o que possuímos hereditariamente, o registro das leis firmes e rígidas da sensação.

180

Não há instinto do conhecimento e da verdade, mas somente um instinto da crença na verdade; o conhecimento puro é destituído de instinto.

181

Todos os instintos ligados ao prazer e ao desprazer – não pode aí haver um instinto da verdade, isto é, de uma verdade completamente sem consequências, pura, sem emoção; porque aí cessaria prazer e desprazer e não há instinto que não pressinta uma alegria em sua satisfação. A *alegria de pensar* não demonstra um desejo de verdade. A alegria de todas as percepções sensíveis consiste no fato de terem sido conseguidos por meio de raciocínios. O homem nada sempre até esse ponto num oceano de alegria. Em que medida, contudo, o *silogismo, a operação lógica preparam a alegria*?

182

O impossível nas virtudes.

O homem não saiu desses instintos superiores, todo o seu ser revela uma moral covarde, passa por cima de seu ser com a moral mais pura.

183

Arte. Mentira piedosa e mentira gratuita. Reconduzir, contudo, esta última a uma necessidade.

Todas as mentiras são mentiras piedosas. A alegria de mentir é estética. De outra forma, só a verdade tem prazer em si. O prazer estético, o maior, porque, sob a forma de mentira, diz a verdade de uma maneira perfeitamente geral.

O outro conceito de personalidade diferente daquele das ilusões necessárias à liberdade moral, a tal ponto que mesmo nossos instintos da verdade se baseiam no fundamento da mentira.

A verdade no sistema do *pessimismo*. O pensamento é algo que mais valia não existir.

184

Como a arte é somente possível como mentira?

Meu olho, fechado, vê em si mesmo inumeráveis imagens móveis – estas são o produto da imaginação e sei que não correspondem à realidade. Não creio, portanto, nelas senão como imagens, não como realidades.

Superfícies, formas.

A arte detém a alegria de despertar crenças por meio das superfícies: mas não somos enganados! Senão a arte acabaria.

A arte nos faz deslizar numa ilusão – mas não somos enganados?

De onde vem a alegria de uma ilusão procurada, na aparência que é sempre conhecida como aparência?

A arte trata, portanto, a *aparência como aparência*, *não* quer, pois, enganar, é *verdadeira*.

A pura consideração sem desejo só é possível com a aparência que é reconhecida como aparência, que não quer de modo algum conduzir à crença e, nessa medida, não incita em absoluto nossa vontade.

Só aquele que pudesse considerar o mundo inteiro *como aparência* estaria em condições de considerá-lo sem desejo e sem instinto: o artista e o filósofo. Aqui o instinto cessa.

Enquanto procurarmos a verdade no mundo, ficamos sob o domínio do instinto: mas este quer o prazer e não a verdade, quer a crença na verdade, isto é, os efeitos de prazer dessa crença.

O mundo como aparência – o santo, o artista, o filósofo.

185

Todos os instintos eudemônicos despertam a crença na verdade das coisas, do mundo – assim toda a ciência – dirigida para o devir, não para o ser.

186

Platão como prisioneiro, posto à venda num mercado de escravos – para que trabalho poderão os homens querer um filósofo? – Isso leva a adivinhar para que uso querem a verdade.

187

I. A verdade como a máscara de movimentos e de instintos completamente diferentes.

II . O *pathos* da verdade se relaciona à crença.

III. O instinto da mentira, fundamental.

IV. A verdade é incognoscível. Tudo o que é cognoscível é aparência. Significação da arte como aquela da aparência verossímil.

IV
A CIÊNCIA E A SABEDORIA EM CONFLITO
(1875)

188

A Ciência e a Sabedoria em conflito

A ciência (N. B.: *antes* que se torne hábito e instinto) aparece:

1. Quando os deuses não são bem considerados. Mais vantajoso conhecer o que quer que seja solidamente.

2. Quando o egoísmo impele o indivíduo, em certas profissões como a navegação, a procurar seu interesse por meio da ciência.

3. Como qualquer coisa para pessoas distintas que têm tempo livre. Curiosidade.

4. No fogoso vaivém das opiniões do povo, o indivíduo deseja um fundamento mais firme.

Em que esse instinto da ciência difere do instinto de aprender ou de aceitar qualquer coisa em geral? Somente por meio de um grau menor de egoísmo ou por sua mais ampla curiosidade. *Em primeiro lugar*, uma maneira de se perder nas coisas. *Em segundo lugar*, um egoísmo desenvolvido para além do indivíduo.

A sabedoria se manifesta:

1. Na generalização ilógica e na pressa de saltar para as últimas conclusões.

2. Na relação entre estes resultados e a vida.

3. Na importância absoluta que se confere à própria alma. Uma única coisa é urgente.

O socratismo é *primeiramente* sabedoria, pelo fato de levar a alma a sério.

Em segundo lugar, é ciência como temor e ódio da generalização ilógica.

Em terceiro lugar, uma singularidade devido à exigência que faz de uma conduta consciente e logicamente correta. Desse modo ele prejudica a ciência e a vida ética.

Sócrates, simples confissão de minha parte, me é tão próximo que estou em perpétuo combate com ele.

189

1. Com que cores o mundo se mostra a esses gregos primitivos?
2. Como se comportam com os não filósofos?
3. É de sua *personalidade* que muitas coisas dependem: adivinhá-la é o motivo de minha aplicação ao estudo de suas doutrinas.
4. A ciência e a sabedoria em conflito nos primitivos gregos.
5. Lei derrogatória irônica: tudo é falso. Como o homem se agarra a uma tábua de salvação.

Existe também uma maneira irônica e triste de contar esta história. Quero a qualquer preço evitar o tom gravemente monótono.

Sócrates *inverte* o *todo* num momento em que a verdade se havia aproximado do ponto *máximo*: isso é particularmente *irônico*.

Tudo descrever no pano de fundo mítico. Infinita insegurança e aspecto ondulante deste. Aspira-se a algo mais seguro.

Só no local onde cai a luz do mito é que se aclara a vida dos gregos; em outros locais, ela é obscura. Agora os filósofos se privam do mito; mas como sobrevivem nessa obscuridade?

O indivíduo que quer depender *de si mesmo* – tem necessidade de *conhecimentos últimos*, da filosofia. Os outros homens têm necessidade de uma ciência que se desenvolva lentamente.

Mesmo a independência é só aparente: todos acabam sempre por se ligar a seus predecessores. Fantasma após fantasma. É estranho tomar tudo tão seriamente. Toda a filosofia mais antiga é como um estranho *labirinto* que a razão percorre. É necessário adotar um estilo de sonho ou de conto.

190

O desenvolvimento da música e da filosofia gregas caminha junto. Comparação de uma e de outra na medida em que ambas fazem declarações sobre a essência do helenismo. A música, para dizer a verdade, só nos é revelada por sua inclusão na poesia lírica.

Empédocles(47) – tragédia
Heráclito(48) – Arquíloco(49)
Demócrito(50) – Anacreonte(51)
Pitágoras(52) – Píndaro(53)
Anaxágoras(54) – Simônides(55)
Monodia(56) sagrada
Xenófanes(57) no estilo do *Simpósio*
(Toda comparação de pessoas é falsa e tola.)

---

(47) Empédocles (séc. V a.C.), médico, legislador e filósofo grego; construiu uma teoria em que a combinação dos quatro elementos dá origem a todas as coisas, mas os dois princípios antagônicos, o amor ou atração e o ódio ou repulsa, são os agentes que promovem a união ou a desunião dos quatro elementos (NT).

(48) Heráclito de Éfeso (550-480 a.C.), filósofo grego; defendia a tese de que o universo é uma eterna transformação, na qual os contrários se equilibram e, em sua harmonia, esses opostos regem os planos cósmico e humano (NT).

(49) Arquíloco (712-624 a.C.), poeta lírico grego; seus poemas se caracterizam pela sátira e pela virulência (NT).

(50) Demócrito (460-370 a.C.), filósofo grego; sua filosofia é materialista e atomista; segundo ele, a natureza é composta de vazio e de átomos; "nada nasce do nada" e, por conseguinte, tudo se encadeia; os corpos nascem de combinações de átomos e desaparecem pela separação deles (NT).

(51) Anacreonte (séc. VI a.C.), poeta lírico grego; seus versos celebram o amor e os prazeres efêmeros (NT).

(52) Pitágoras (séc. VI a.C.), filósofo e matemático grego, célebre por seus teoremas e cálculos das proporções; afirmava que todas as coisas são números (NT).

(53) Píndaro (518-438 a.C.), poeta lírico grego, considerado modelo de forma e de métrica, sua arte poética foi imitada até meados do século XX (NT).

(54) Anaxágoras (500-429 a.C.), filósofo grego; defende a teoria de que a natureza se constitui por um número infinito de elementos semelhantes, em cuja composição reside a origem de todas as coisas; tudo está em tudo e nada nasce do nada (NT).

(55) Simônides de Ceos (556-467 a.C.), poeta lírico grego, considerado criador de gêneros líricos diferenciados dos anteriores (NT).

(56) Canto a uma só voz; na tragédia grega, passagem lírica cantada por um personagem (NT).

(57) Xenófanes (570-470 a.C.), filósofo grego, adversário do antropomorfismo, empenhou-se em demonstrar a unidade e a perfeição de Deus (NT).

191

Tantos elementos dependem do desenvolvimento da civilização grega que a totalidade do nosso mundo ocidental recebeu dela impulso: a fatalidade quis que o helenismo mais recente e mais degenerado fosse aquele que devia mostrar mais força histórica. É por isso que o helenismo mais antigo foi sempre mal julgado. Deve-se conhecer com precisão o helenismo recente para distingui-lo do antigo. Há inúmeras possibilidades ainda não descobertas: porque os gregos não as descobriram. Os gregos *descobriram* outras que mais tarde *recobriram*.

192

Os filósofos demonstram *que perigos encerrava em si a civilização grega*.

O mito como leito de preguiça do pensamento.	Em oposição à abstração fria e à ciência rigorosa. Demócrito.
A mole doçura de viver.	Em oposição à sobriedade, à concepção severa e ascética em Pitágoras, Empédocles, Anaximandro(58).
A crueldade no conflito e na luta.	Em oposição a Empédocles com sua reforma do sacrifício.
A mentira e o engano.	Em oposição ao entusiasmo pelo verdadeiro seja qual for a consequência.
A docilidade, o excesso de sociabilidade.	Em oposição à altivez e à solidão de Heráclito.

Esses filósofos demonstram a vitalidade dessa civilização que produziu seus próprios *corretivos*.

---

(58) Anaximandro (610-574 a.C.), filósofo e astrônomo grego; afirmava que a terra tem forma de um disco e que a essência do universo era um conjunto indeterminado contendo em si os contrários; todo nascimento era separação e toda morte era reunião desses contrários (NT).

Como se extingue essa época? De uma maneira *pouco natural*. Onde estão, portanto, os germes da corrupção?

A fuga dos melhores em relação ao mundo foi uma grande desgraça. A partir de Sócrates: o indivíduo se levou a sério demais subitamente.

A peste se somou a isso, no caso de Atenas.

Em seguida mergulhou-se no abismo pelas *guerras contra os persas*. O perigo foi demasiado grande e a vitória demasiado extraordinária. A morte do grande lirismo musical e da filosofia.

193

A filosofia grega arcaica não passa de uma filosofia de *homens de Estado*. Que miséria caracteriza nossos homens de Estado! É isso, aliás, que melhor distingue os pré-socráticos dos pós-socráticos.

Neles não se encontra a "infame pretensão da felicidade", como a partir de Sócrates(59). Seu estado de alma não é o centro em torno do qual tudo gira; pois, não é sem perigo que se reflete nisso. Mais tarde, o γνωτι σαυτον (conhece-te a ti mesmo) de Apolo foi mal compreendido.

Eles também não tagarelavam nem praguejavam tanto e não escreviam. O helenismo enfraquecido, romanizado, tornou-se grosseiro e simples adorno; em seguida, aceito como civilização de decoração pelo cristianismo enfraquecido que via nele um aliado; difundido à força entre os povos não civilizados – essa é a história da civilização ocidental. O jogo terminou e estão reunidos o elemento grego e o elemento clerical.

Quero realizar a síntese de Schopenhauer(60), Wagner(61) e da Grécia arcaica: isso abre uma perspectiva de uma civilização magnífica.

---

(59) Sócrates (470-399 a.C.), filósofo grego, considerado um dos grandes iniciadores do pensamento filosófico do Oriente Próximo e do Ocidente; não deixou obras escritas, mas seu pensamento foi transmitido por seus discípulos, particularmente por Platão (NT).

(60) Arthur Schopenhauer (1788-1860), filósofo alemão (NT).

(61) Richard Wagner (1813-1883), compositor alemão, grande amigo de Nietzsche; por divergências variadas, porém, acabaram por romper relações em definitivo (NT).

Comparação da filosofia arcaica com a dos pós-socráticos.

1. A mais antiga é aparentada com a *arte*; sua solução do enigma universal foi muitas vezes inspirada pela arte.

2. Ela *não* é a negação da *outra* maneira de viver, mas como uma flor rara, *nasce* dela; exprime seus segredos (Teoria – prática).

3. *Não* é tão *individual-eudemônico-lógica*; é desprovida da infame pretensão à felicidade.

4. Os próprios filósofos arcaicos mostram em sua vida uma sabedoria superior e não a virtude friamente prudente. Seu gênero de vida é mais rico e mais complexo; os socráticos simplificam e banalizam.

História tripartida do *ditirambo*[62]:

1. Aquele de Arion[63] – é dele que provém a tragédia arcaica.
2. O ditirambo de Estado, agonístico – paralelamente a tragédia domesticada.
3. O ditirambo devido a um mimetismo, genialmente informe.

Muitas vezes nos gregos uma forma *mais antiga* é uma forma superior: por exemplo, o *ditirambo* e a *tragédia*. O perigo para os gregos residia em seu virtuosismo em todos os gêneros; com Sócrates começam os virtuoses da vida; Sócrates, o novo ditirambo, a nova tragédia, a invenção do *retórico*! *O retórico é uma invenção grega da época tardia*. Eles inventaram a "forma em si" (e também o filósofo que a isso convém).

Como se deve compreender a luta de Platão[64] contra a retórica? Ele *inveja* sua influência.

O helenismo arcaico *manifestou suas forças na série de seus filósofos*. Com Sócrates interrompe-se essa manifestação: ele procura *produzir-se a si mesmo* e repudiar toda tradição.

Minha tarefa, de uma maneira geral: mostrar como a vida, a filosofia e a arte podem ter uma para com a outra uma relação de

---

(62) Poesia lírica que exprime entusiasmo ou delírio; entre os gregos era um gênero poético que incluía canto coral, ligado especialmente ao culto do deus Dioniso (NT).

(63) Arion (séc. VII a.C.), poeta lírico grego, provável inventor do ditirambo (NT).

(64) Platão (427-347 a.C.), filósofo grego, discípulo de Sócrates; dentre suas obras, *A república* já foi publicada nesta coleção da Editora Lafonte (NT).

profundo parentesco, sem que a filosofia se torne chata nem a vida do filósofo mentirosa.

É magnífico que os antigos filósofos tenham podido viver *tão livres, sem por isso se tornarem loucos nem virtuoses*. A liberdade do indivíduo era imensamente grande.

A falsa oposição entre a vida prática e a vida contemplativa é asiática. Os gregos compreendiam melhor as coisas.

194

Pode-se apresentar esses filósofos arcaicos como aqueles para quem a atmosfera e os costumes gregos são uma cadeia e uma prisão: por isso eles se emancipam (combate de Heráclito contra Homero[65] e Hesíodo[66], de Pitágoras contra a secularização, de todos contra o mito, particularmente Demócrito). Têm em sua natureza uma lacuna, ao contrário do artista grego e, parece, ao contrário do homem de Estado.

Vejo-os como os *precursores de uma reforma dos gregos*: mas não os precursores de Sócrates. Pelo contrário, sua reforma não vinga e em Pitágoras permanece no estado de seita. Um conjunto de fenômenos carrega todo esse espírito de reforma – o *desenvolvimento da tragédia*. O *reformador que falta é Empédocles*; após seu fracasso nada existe além de Sócrates. Assim a hostilidade de Aristóteles[67] em relação a Empédocles é perfeitamente compreensível.

Empédocles – república – transformação da vida – reforma popular – tentativa apoiada nas grandes festas helênicas.

A tragédia foi, em todo caso, um meio. Píndaro?

Eles não encontraram seu filósofo nem seu reformador; veja-se Platão: foi desencaminhado por Sócrates. Tragédia – concepção profunda do amor – pura natureza – ausência de afastamento

(65) Homero (séc. IX a.C.), poeta épico grego, autor, segundo a tradição, das obras-primas *Ilíada* e *Odisseia* (NT).

(66) Hesíodo (séc. VIII a.C.), poeta grego, considerado o pai da poesia didática (NT).

(67) Aristóteles (384-322), filósofo grego; dentre suas obras, *A política* já foi publicada nesta coleção da Editora Lafonte (NT).

fanático – evidentemente os gregos estavam próximos de encontrar um tipo de homem ainda superior aos predecessores: foi aí que a tesoura atuou. É necessário deter-se *na época trágica* dos gregos.

1. Imagem dos gregos em relação a seus perigos e a seus vícios.

2. Contrapartida das correntes trágicas em sentido contrário. Nova interpretação do mito.

3. Os esboços dos reformadores. Tentativas para adquirir uma imagem do mundo.

4. A decisão – Sócrates. Platão o desencaminhado.

195

A paixão em Mimnerne, o ódio em relação à *antiguidade*.

A profunda melancolia em Píndaro: só quando um raio desce do alto é que a vida humana se ilumina.

Compreender o mundo a partir *do sofrimento* é o que existe de trágico na tragédia.

Tales[68] – o não mítico.

Anaximandro – o aniquilamento e o nascimento na natureza moralmente concebidos como falta e punição.

Heráclito – a legalidade e a justiça no mundo.

Parmênides[69] – o outro mundo por trás deste; este como problema.

Anaxágoras – arquiteto do mundo.

Empédocles – amor cego e ódio cego; o que é profundamente irracional no que há de mais racional no mundo.

Demócrito – o mundo é inteiramente desprovido de razão e de instinto; ele foi vigorosamente sacudido. Todos os deuses, todos os mitos, supérfluos.

Sócrates: – nada me resta além de mim mesmo; a angústia de si mesmo se torna a alma da filosofia.

---

(68) Tales de Mileto (séc. VII-VI a.C.), matemático, astrônomo e filósofo grego; celebrizou-se por seus teoremas, por suas observações astronômicas e confecção de um calendário, por suas indicações meteorológicas e por sua cosmologia – segundo ele, "tudo é água", estabelecendo a água como o princípio e a origem do universo (NT).

(69) Parmênides de Eleia (515-440 a.C.), filósofo grego, fundador da metafísica com sua distinção entre o ser e o não ser (NT).

Tentativa de Platão de pensar tudo até o fim e ser o redentor.

É necessário descrever as pessoas como descrevi Heráclito. E aí entrelaçar o histórico.

No mundo inteiro reina a *ação gradual*; entre os gregos tudo caminha depressa e também declina terrivelmente depressa. Quando o gênio grego esgotou seus tipos superiores, o grego baixou muito rapidamente. Foi suficiente que uma única vez ocorresse uma interrupção e que a grande forma da vida deixasse de ser preenchida: tudo terminou imediatamente; exatamente como com a tragédia. Um único opositor poderoso como Sócrates – a ruptura foi irreparável. Nele realiza-se a autodestruição de todos os gregos. Creio que é porque ele era filho de um escultor. Se as artes plásticas pudessem falar, elas nos pareceriam superficiais; em Sócrates, o filho do escultor, a superficialidade transpira.

196

Os homens se tornaram *mais espirituais* durante a Idade Média: o cálculo segundo dois pesos e duas medidas, a sutileza da consciência, a interpretação da escrita foram os meios. Esse processo de *agudizar o espírito* sob a pressão de uma hierarquia e de uma teologia faltou à antiguidade. Pelo contrário, os gregos viveram o inverso sob o reino da grande liberdade de pensamento, politeístas e sem pressões, sentiam-se à vontade em crer e não crer mais. Faltava-lhes por isso o prazer na finura do jogo de palavras, sendo alheios ao gênero de gracejos preferidos dos tempos modernos. Os gregos foram pouco *espirituais*; é por isso que se fez tanto caso da ironia de Sócrates. Acho que Platão é nisso um pouco pesado.

Os gregos estiveram, com Empédocles e Demócrito, no bom caminho *para avaliar corretamente* a existência humana, sua irracionalidade, seu sofrimento: *não chegaram lá* por causa de Sócrates. O olhar imparcial sobre os homens é o que falta a todos os socráticos que têm na cabeça as vis abstrações "o bem, o justo". Que se leia

Schopenhauer e que se pergunte por que faltou aos antigos semelhante liberdade e profundidade de olhar – deveria isso ter existido neles? É o que não vejo. Pelo contrário. Perderam a ingenuidade por causa de Sócrates. Seus mitos e suas tragédias são muito mais sábias que as éticas de Platão e de Aristóteles; e seus *estoicos* ou seus *epicuristas* são *pobres* em comparação com os poetas e os homens de Estado anteriores.

A influência de Sócrates:

1. Destruiu a ingenuidade do juízo ético.
2. Reduziu a ciência a nada.
3. Não tinha nenhum senso pela arte.
4. Arrancou o indivíduo de sua ligação histórica.
5. Indiscrição dialética e tagarelice conveniente.

197

Não acredito mais no "*desenvolvimento de acordo com a natureza*" a propósito dos gregos: eram demasiadamente dotados para se ligarem a isso tão *gradualmente* e passo a passo como acontece com a pedra e com a tolice. As guerras contra os persas foram a desgraça nacional: o sucesso foi demasiado grande, todos os maus instintos se manifestaram; o desejo tirânico de reinar sobre toda a Hélade atingiu os homens e as cidades individuais. Com a hegemonia de Atenas (no domínio espiritual), um grande número de forças foram sufocadas; que se pense somente quão estéril ficou Atenas em filosofia durante longo tempo. Píndaro não teria sido possível como ateniense: Simônides o demonstra. E muito menos Empédocles e Heráclito. Quase todos os grandes músicos vieram do exterior. A tragédia ateniense não é a forma mais elevada que se possa imaginar. Falta demasiado a seus heróis o elemento pindárico. De uma maneira geral: como foi horrível que o conflito tivesse ocorrido entre *Esparta* e *Atenas* – isso não pode realmente ser observado com bastante profundidade.

A hegemonia espiritual de Atenas foi o obstáculo a essa reforma. Há que se transportar em pensamento ao tempo em que essa hegemonia não existia: não era necessária, tornou-se somente depois das guerras contra os persas, isto é, depois que a força material e política a tornou necessária. Mileto[(70)] era muito mais dotada e Agrigento[(71)] também.

O tirano que pode fazer tudo o que lhe aprouver, isto é, o grego que nenhuma força retém em limites é um ser totalmente desmedido, "inverte os costumes da pátria, violenta as mulheres e mata os homens a seu bel-prazer". Igualmente desenfreado é o livre espírito tirânico, do qual os gregos têm medo. O ódio dos reis – sinal de uma mentalidade democrática. Creio que a reforma teria sido possível se tivesse existido um tirano que fosse um Empédocles. Reclamando um filósofo no trono, Platão exprimia uma ideia que tinha sido outrora *realizável*: encontrou-a depois que o tempo de realizá-la tinha passado. Periandro[(72)]?

198

Sem o tirano Pisístrato[(73)], os atenienses não teriam tido tragédia: de fato, embora Sólon[(74)] se tivesse oposto a ela, o gosto pela tragédia havia sido despertado. Que queria Pisístrato com essas grandes explosões de tristeza?

A aversão de Sólon para com a tragédia: que se pense nas limitações das cerimônias fúnebres, na proibição dos cantos fúnebres. Menciona-se o "luto irracional" das mulheres de Mileto.

---

(70) Principal cidade grega da costa marítima da Ásia Menor (hoje território da Turquia), rica e pujante por seu comércio marítimo e célebre por sua escola filosófica e centro intelectual, onde viveram e atuaram Tales, Anaximandro, Anaxímenes e muitos outros; no século IV a.C. foi destruída por Alexandre Magno (NT).

(71) Cidade da Sicília, Itália, capital da província homônima, foi fundada pelos gregos em torno do ano 582 a.C.; era centro religioso e cultural de grande importância na antiguidade; foi conquistada pelos romanos em 241 a.C. (NT).

(72) Periandro, tirano de Corinto entre 625 e 585 a.C.; apesar de seu despotismo, foi considerado um dos Sete Sábios da Grécia (NT).

(73) Pisístrato (600-527 a.C.), tirano da cidade-estado de Atenas, introduziu reformas radicais no Estado, impulsionando o progresso e conquistando grande influência sobre os Estados vizinhos (NT).

(74) Sólon (640-558 a.C.), estadista grego da cidade-estado de Atenas e um dos Sete Sábios da Grécia antiga, introduziu profundas reformas políticas e econômicas que conduziriam à democracia ateniense (NT).

Segundo o que se conta é a *dissimulação* que desagrada a Sólon: o caráter não artista do ateniense aparece.

Clístenes[75], Periandro e Pisístrato, os protetores da tragédia considerada como um divertimento popular, o gosto pelo "luto irracional". Sólon quer a moderação.

As tendências centralizadoras nascidas das guerras contra os persas: Esparta e Atenas se apoderaram delas. Pelo contrário, de 776 a 560 não existe nada disso: a civilização da cidade florescia; quero dizer que sem as guerras contra os persas se teria compreendido a ideia de centralização sob a forma de uma *reforma do espírito* – Pitágoras?

Tratava-se então da unidade das festas e do culto: foi aí que teria começado a reforma. A *ideia de uma tragédia pan-helênica* – aí é que se teria desenvolvido uma força de uma infinita riqueza. Por que não aconteceu nada disso? Depois de Corinto, Sicione e Atenas terem desenvolvido essa arte.

A maior perda que a humanidade possa sofrer é o aborto dos tipos de vida superior. Foi o que aconteceu *outrora*. Um paralelo claro entre este ideal e o ideal cristão. Utilizar a observação de Schopenhauer : "Os homens notáveis e nobres entram rapidamente na posse dessa educação do destino e se acomodam a ela com docilidade e utilidade; veem que no mundo, se podemos encontrar matéria para nos instruirmos, não podemos encontrar a felicidade e acabam por dizer com Petrarca[76]: "*altro diletto, che'mparar, non provo*" (outro dileto, que aprender não tento). Desse modo, pode mesmo acontecer que seus desejos e suas aspirações, por assim dizer, só sigam ainda a aparência e divertindo-se, mas no fundo eles próprios só fazem esperar um ensinamento; é o que lhes dá então uma aparência contemplativa, genial, sublime (*Parerga*, I, 394; compará-los com os socráticos e com sua caça à felicidade!).

---

(75) Clístenes (séc. VI a.C.), estadista grego da cidade-estado de Atenas, seguiu as pegadas de Sólon, introduzindo reformas amplas e profundas na sociedade de Atenas e instaurando com elas um governo democrático (NT).

(76) Francesco Petrarca (1304-1374), poeta e humanista italiano; deixou várias obras de cunho histórico, filosófico e poético (NT).

199

É uma bela verdade que, para que a melhoria e o conhecimento se tornem o objetivo da vida, todas as coisas servem. Mas só é verdade com restrições: um aspirante ao conhecimento obrigado ao trabalho mais desgastante, um homem em vias de se aprimorar enervado e alterado por doenças! Em tudo, isso pode ser admitido: a premeditação aparente do destino reside no fato de que o indivíduo que põe em ordem sua vida e extrai uma lição de todas as coisas aspira ao conhecimento como a abelha ao mel. Mas o destino que se abate sobre um povo atinge uma totalidade que não pode refletir sobre sua vida dessa maneira e compreendê-la em sua finalidade; assim a premeditação nos povos é uma trapaça devida a cérebros sutis; nada é mais fácil do que mostrar a não premeditação, por exemplo, no caso de um campo que, em plena floração, é subitamente atingido por uma nevasca e tudo morre. Há nisso tanta estupidez como na natureza. Até certo ponto cada povo, mesmo nas circunstâncias mais desfavoráveis, vai até o fim de uma realização que corresponde a suas aptidões. Mas para que possa realizar aquilo de que é capaz é necessário que certos acidentes não aconteçam. Os gregos não realizaram tudo aquilo de que eram capazes. Mesmo os atenienses teriam ido mais longe sem o furor político depois das guerras contra os persas: que se pense em Ésquilo que saiu de uma época anterior a essas guerras e que estava descontente com os atenienses de seu tempo.

Considerando-se o estado desfavorável das cidades gregas depois das guerras persas, certo número de condições propícias ao nascimento e ao desenvolvimento de grandes individualidades foi destruído: é assim que a produção do gênio depende indiscutivelmente do destino dos povos. De fato, se as disposições para a genialidade são muito frequentes, é raro ver reunidas todas as condições mais necessárias.

Essa reforma dos gregos, tal como a sonho, ter-se-ia tornado um terreno maravilhoso para a produção de gênios: como nunca houve. Seria algo a descrever. Perdemos aí algo de indizível.

A natureza altamente *moral* dos gregos se manifesta em seu caráter de totalidade e de simplicidade; mostrando-nos o homem *simplificado*, alegram-nos como o faz a vista dos animais.

O esforço dos filósofos tende a *compreender* por que seus contemporâneos só se limitam a viver. Enquanto eles interpretam por si próprios sua existência e compreendem seus perigos, ao mesmo tempo conferem também a seu povo o sentido da existência.

O que o filósofo pretende é substituir por uma *nova imagem do universo* a imagem *popular*.

A ciência aprofunda o curso natural das coisas, mas não pode nunca *comandar* o homem. Simpatia, amor, prazer, desprazer, elevação, esgotamento, tudo isso é ignorado pela ciência. O que o homem vive e experimenta deve ser *explicado* de alguma maneira; e com isso avaliá-lo. As religiões retiram sua força do fato de *fornecerem a medida*, de serem uma escala de medida. Visto à luz do mito, um acontecimento assume um aspecto totalmente diferente. A significação das religiões tem a seu favor o fato de avaliar a vida humana segundo um ideal humano.

Ésquilo viveu e combateu em vão: chegou demasiado tarde. É o que há de trágico na história grega: os *maiores*, como Demóstenes[77], chegaram demasiado tarde para levantar o povo.

Ésquilo[78] garantiu uma elevação do espírito grego que se extinguiu com ele.

Admiramos agora o evangelho da tartaruga – ah! os gregos corriam muito depressa! Não procuro na história as épocas felizes, mas épocas tais que ofereçam um terreno favorável à *produção* do

---

(77) Demóstenes (384-322 a.C.), orador e estadista grego da cidade-estado de Atenas (NT).

(78) Ésquilo (525-456 a.C.), poeta trágico grego; teria escrito quase uma centena de tragédias, das quais somente sete chegaram até nós (NT).

gênio. O que encontro então é a época anterior às guerras contra os persas. Nunca se poderia conhecê-la com bastante precisão.

Muitos homens vivem uma vida dramática, outros uma vida épica, outros uma vida confusa e sem arte. A história grega tem, com as guerras persas, um *daemon ex machina*(79).

Procura de uma civilização popular.

Dissipação do *espírito* e do *sangue* gregos mais preciosos! Nisso é necessário mostrar como os homens devem aprender a viver com muito mais *prudência*. Os tiranos do espírito na Grécia foram quase sempre assassinados e raramente tiveram posteridade. Outras épocas mostraram sua força pensando até o fim e perseguindo todas as possibilidades de um grande pensamento: o período cristão, por exemplo. Mas nos gregos essa superioridade das forças era muito difícil de atingir; tudo era confusão na hostilidade. A civilização da cidade, a única que foi até agora *demonstrada* – ainda agora vivemos nela.

Civilização da cidade.

Civilização universal.

Civilização popular: quão fraca nos gregos, mais exatamente, somente a civilização da cidade ateniense, empalidecida.

1. Esses filósofos isolados, cada um por si.

2. Depois, como testemunhas do helenismo (suas filosofias, sombras do *Hades* (Inferno) da natureza grega).

3. Depois, como adversário dos perigos incorridos pelo helenismo.

4. Depois, no decurso da história grega como reformadores falhos.

5. Depois, em oposição a Sócrates, às seitas e à vida contemplativa, como ensaios para chegar a uma *forma de vida nunca antes* atingida.

---

(79) Expressão latina que significa "demônio (que aparece) por meio da máquina"; Nietzsche a contrapõe à celebre expressão *Deus ex machina* (Deus – que aparece – por meio da máquina), expressão que se originou da tragédia grega, em cuja representação se providenciava o eventual aparecimento de uma divindade em cena por meio de um mecanismo apropriado (NT).

APÊNDICE

Sobre os humores

É necessário me imaginar, na tarde do primeiro dia de Páscoa, em casa, envolto num roupão; fora, cai uma chuva fina; no quarto, só eu. Caneta na mão, contemplo longamente o papel branco que está diante de mim; estou irritado com a massa confusa de objetos, de acontecimentos, de pensamentos, que todos exigem que os anote; vários dentre eles o exigem com violência; são jovens e turbulentos como um vinho novo; mais de um pensar antigo, amadurecido, esclarecido se opõe, porém, como um velho senhor que lança um olhar equívoco sobre as aspirações da juventude. Vamos dizê-lo francamente, o estado de nossa alma é determinado por essa discussão entre o velho mundo e o novo e nós descrevemos cada fase desse conflito dizendo que somos de tal ou qual humor ou, com uma ponta de desprezo, que somos bem- ou mal-humorados.

Como bom diplomata, elevo-me um pouco acima dos partidos em disputa e descrevo a situação do Estado com a imparcialidade de um homem que assiste dia após dia, como por inadvertência, às sessões de todos os partidos e recorre na prática ao princípio pelo qual, na tribuna, só há zombarias e piadas.

Vamos confessá-lo: escrevo sobre os humores porque estou com humor para fazê-lo; e é uma bela ocasião que eu esteja justamente com humor para escrever sobre os humores.

Toquei hoje numerosas vezes as *Consolações* de Liszt[(80)]; sinto que esses acordes penetraram em mim, despertando como um eco espiritualizado. Por outro lado, fiz há pouco a dolorosa experiência de um adeus que talvez não seja um adeus e noto como certo sentimento e esses acordes se fundiram; e acredito que a música não me teria agradado se não tivesse feito essa experiência. A alma procura, portanto, atrair para ela o que se lhe assemelha e a massa dos sentimentos presentes espreme como um limão os novos acontecimentos que afetam o coração. Entretanto, só há uma parte do novo que se une ao antigo. Subsiste um resto que, na morada do coração, não encontra nada que lhe seja aparentado e se instala, por conseguinte, sozinho, para grande desgosto dos antigos habitantes, com que ele entra muitas vezes em conflito. Mas eis que chega um amigo, que um livro se abre, que uma jovem passa! Novos visitantes afluem já de todos os lados nessa morada que está aberta a todos e o solitário encontra entre eles, em grande número, seres de elite que são aparentados seus.

Mas é estranho; não é verdade que esses visitantes chegam porque querem; não é verdade que chegam como são. Tudo o que a alma não *pode* refletir, não o encontra; como compete à vontade deixar a alma refletir ou não, a alma só encontra o que quer. Para muitos essa ideia parece inaceitável; lembram-se de se terem rebelado contra certos sentimentos. Mas o que é que determina, no fim das contas, o querer? Não é frequente que o querer cochile e que somente as tendências e as inclinações estejam despertas? Ora, uma das inclinações mais fortes da alma é certa curiosidade pelo novo, um apetite pelo inabitual; assim se explica que nos deixemos muitas vezes levar a humores desagradáveis.

Mas a força de acolhida da alma não é inteiramente submetida ao querer; a alma é feita da mesma matéria que os acontecimentos ou de uma matéria análoga; por isso pode ocorrer que um acontecimento, que não toque nenhuma corda a ela aparentada, pese na

(80) Franz Liszt (1811-1886), compositor, pianista e regente húngaro; Nietzsche cita a célebre peça musical para piano *Consolations*, composta por Liszt em 1850 (NT).

alma com todo o peso de um humor e acabe por exercer tamanha pressão que concentra em restritos limites o que constitui, aliás, o conteúdo da alma.

Os humores provêm, portanto, seja de combates internos, seja de uma pressão do exterior sobre o mundo interior. Guerra civil, guerra de dois campos num caso; e, no outro, opressão do povo por uma casta, por uma reduzida minoria.

Parece-me muitas vezes, quando observo meus pensamentos e meus sentimentos e tomo cuidado sem nada dizer do que se passa em mim, que ouço o murmúrio ou os gritos dos dois partidos desencadeados, como se houvesse um rumor no ar, como quando voam para o sol um pensamento ou uma águia.

O combate é o constante alimento da alma, ela sabe extrair dele muita doçura e beleza. Ela destrói tudo dando à luz o novo, ela luta com violência ao mesmo tempo que atrai docemente seu adversário para se unir a ela intimamente. O mais estranho é que ela nunca se preocupa com o aspecto exterior, com o nome, com a pessoa, com as regiões, com as belas palavras, com os traços de uma escrita; tudo isso para ela só tem um valor subordinado, ela só aprecia o que está sob a casca.

O que agora faz toda a tua felicidade ou todo o sofrimento de teu coração talvez não seja, num instante, mais que o véu de um sentimento mais profundo que se esvairá em si mesmo quando aparecer o que for de mais elevado preço. É assim que nossos humores não cessam de se aprofundar, nenhum dentre eles se assemelha exatamente aos outros; cada um deles é de uma insondável juventude, é ele que faz nascer o instante.

Penso em numerosos objetos de meu amor; nomes e pessoas mudaram e não quero pretender que suas naturezas tenham ganhado sempre em profundidade e em beleza; mas é verdade que cada um desses humores semelhantes entre si represente para mim um progresso e que é insuportável para o espírito passar de novo pelos degraus pelos quais já passou; quer sempre se estender em altura e em profundidade.

Saúde para vocês, caros humores, estranhas modificações de uma alma de tempestades, diversos como o é a natureza, mas maiores que ela, porque vocês não cessam de subir, de procurar se elevar, quando a planta exala ainda o mesmo perfume do dia da criação. Eu não amo mais como amava há algumas semanas; neste momento não tenho mais o mesmo humor de quando comecei este texto.

Tentei primeiro com música: impossível; meu coração não parava de estremecer e os sons não ganhavam vida. Tentava em seguida com versos; não, não são rimas que vão captar isso, não rimas tranquilas e bem medidas. Alcancem-me esse papel; deem-me outro e que a caneta arranhe, depressa, e que a tinta escorra!

Morna tarde de verão; luz moribunda, raios pálidos. Vozes de crianças nas ruelas; ao longe, barulho, música; é uma feira; danças, lampiões de todas as cores, rugidos de animais selvagens; por vezes um petardo, soar de tambores, regular, penetrante.

Está um tanto escuro no quarto; acendo uma lâmpada; o olho do dia arrisca um olhar curioso através das janelas que as cortinas obstruem pela metade. Oh! ele gostaria de ver mais longe, até o centro desse coração que treme e estremece até o mais profundo, mais quente que a luz, mais escuro que a noite, mais emocionado que as vozes que vêm de longe, como um grave sino que toca quando a tempestade ameaça.

E eu imploro uma tempestade. A voz dos sinos não atrai os raios? Pois bem, aproxima-te, cara tempestade! Lava, purifica, faz com que perfumes de chuva penetrem em meu ser dessecado. Sê bem-vinda! Sê finalmente bem-vinda!

E aí estão, primeiramente raios, com que tu atinges meu coração no centro; dele sai um longo esguicho de bruma pálida. Tu a reconheces, essa traidora morosa? Meus olhos já estão mais vivos, minha mão se estende para ela para amaldiçoá-la. E o trovão ribomba e uma voz proferiu: "Sê purificado".

Atmosfera pesada. Meu coração se incha. Nada se mexe. Mas eis um sopro leve, a erva estremece – sê bem-vinda, chuva, tu que suavizas, tu que salvas! Tudo aqui está seco, vazio, morto; lança gotas novas.

Eis que o raio atinge de novo com ponta aguda e duplo gume exatamente o centro do coração. E uma voz proferiu: "Espera!"

Um suave perfume sobe do solo; uma rajada de vento e eis a tempestade que uiva e reclama seus espólios; empurra para diante de si as flores que estraçalhou. Uma chuva se alegra depois dela.

Batam em pleno coração! Tempestade e chuva! Raio e trovão! Em pleno coração! E uma voz proferiu: "Sê renovado".

Impressão e Acabamento
Gráfica Oceano